北京印刷学院"人才培养质量建设——一流专业-编辑出版

大东书局史料初编

叶 新 潘俊辰 编

知识产权出版社
全国百佳图书出版单位
—北京—

图书在版编目(CIP)数据

大东书局史料初编 / 叶新, 潘俊辰编. — 北京 :知识产权出版社, 2025.1
ISBN 978-7-5130-9261-6

Ⅰ.①大… Ⅱ.①叶… ②潘… Ⅲ.①大东书局—史料 Ⅳ.①G239.296

中国国家版本馆CIP数据核字(2024)第030453号

内容提要：

本书是一部反映大东书局四十年的史料合集，可从中挖掘分析大东书局重要特征。介绍了大东书局出版品类、教科书出版、营销发行、工人运动、印钞印邮业务五部分内容，立体呈现了民国时期大东书局发展情况，方便读者了解民国时期大东书局相对原始的历史面貌。

本书可作为出版及历史专业人员研究资料，也可作为大众阅读史料。

责任编辑：阴海燕　　　　　　　　　　　　　责任印制：孙婷婷

大东书局史料初编

DADONG SHUJU SHILIAO CHUBIAN

叶　新　潘俊辰　编

出版发行：知识产权出版社有限责任公司	网　　址：http://www.ipph.cn
电　　话：010-82004826	http://www.laichushu.com
社　　址：北京市海淀区气象路50号院	邮　　编：100081
责编电话：010-82000860转8693	责编邮箱：laichushu@cnipr.com
发行电话：010-82000860转8101	发行传真：010-82000893
印　　刷：北京中献拓方科技发展有限公司	经　　销：新华书店、各大网上书店及相关专业书店
开　　本：720mm×1000mm 1/16	印　　张：19.5
版　　次：2025年1月第1版	印　　次：2025年1月第1次印刷
字　　数：320千字	定　　价：98.00元

ISBN 978-7-5130-9261-6

出版权专有　侵权必究

如有印装质量问题，本社负责调换。

大东书局总店正面照

大东书局总店侧面照

大东书局总厂

前　言

书业老人朱联保在《漫谈旧上海图书出版业》(载《出版与发行》1986年第5期)一文中提到:"解放以前,书业中人对规模较大的商务印书馆、中华书局、世界书局、大东书局、开明书店这五家,简称为:'商中世大开'。这是以印售中小学教科书数量之多寡而排列次序的。"

据笔者所知,这是最早提到"商中世大开"这个称谓的记载。而在这五大书局中,现当代研究最少的就是大东书局了。与其他四大书局特别是商务印书馆、中华书局等研究的汗牛充栋情形相比,大东书局研究则成了明显的"低洼地带",目前尚无专门的研究专著问世,知网上包括硕士毕业论文在内的研究成果不足10篇。笔者以为主要是因为缺乏必要的相关史料搜集工作所致,而这也正是《大东书局史料初编》编选的缘起。

大东书局1916年9月由吕子泉、王幼堂、沈骏声、王均卿四人集资3万元创立于上海,吕子泉任经理,王幼堂任总店长。1924年,改组为股份有限公司,添设北平、辽宁、长沙三个分局,营业额增至26万元。1928年,大东书局聘沈骏声为总经理,营业额增至63万元,1930年高达79万元。

大东书局自成立至1930年,总共出版图书1245种,所出图书涵盖文学、哲学、文字学、儿童读物、摄影、医学、戏剧、军事、劳工、民众读物、尺牍、诗词、音韵、学生成绩、法律等多个领域,精彩纷呈。

该书局编印发行的杂志也是民国时期广大读者所喜爱的读物。"紫色系列"杂志《游戏世界》《半月》《紫罗兰》《星期》《紫兰花片》便是其响当当的招牌,鸳鸯蝴蝶派的知名作者包天笑、程小青、江红蕉、周瘦鹃、何海鸣、范烟桥等数十人都在为其撰稿。这些杂志的内容重在表达情感,吸引了从市井百姓到知识分子的大批读者。这些杂志,与在此基础上诞生的包括侦探小说、言情小说、武侠小说、滑稽小说等在内的图书,组成了强大的鸳鸯蝴蝶派书刊出版阵营。

到1931年成立十五周年时，大东书局新屋迁置于福州路望平街转角九十九号五开间三层楼洋房，合并别美彩色照相制版公司、龙飞印刷公司，设有总厂、总务处、编译所、印刷所以及货栈五大机构，已成为编、印、发一体化的综合性大书局。同年，大东书局创立法律函授学社，聘请20余名法学家，专门培养法律人才。由此，法律书籍的出版也成为它的一大特色。

从20世纪30年代初开始，大东书局开始涉足教科书出版领域，出版小学、中学、大学各科用书，发展势头迅猛。

在1937年抗日战争全面爆发前夕，沈骏声为避免战争所带来的损失，便将印刷所需的重要设备及物资迁往重庆、香港等地，仅留吕子泉带领部分职员在上海驻守。大东书局的战时迁移，为其成功地减少了损失，使其当时在抗战大后方的印制钞票及证券等业务得到很大发展。1944年6月2日，沈骏声因积劳成疾在重庆去世。杜月笙、陶百川、李元白三位董事出面组织临时董事会，推杜任主席，陶兼总经理，于1944年8月7日正式接办。

1945年抗战胜利后，大东书局复员回到上海，业务得到迅猛发展。因大东书局有印钞的丰富经验，加之杜月笙、陶百川的联系疏通，它得以不断地订立承印钞票、邮票的新合同。在短短四年内，大东书局实现了人员激增、印厂扩大的较好局面，并建立了除上海外遍布南京、北平、汉口、重庆、成都、长沙、广州、杭州等地的发行网点。

1949年上海解放，大东书局被军管，官僚资本被没收，印钞业务停顿。到1955年初被并入上海科学技术出版社，大东书局也就走完了其四十年的历程。

在编《大东书局史料初编》时，编者为尽可能地搜集有价值的大东书局史料，采用线上线下相结合的办法，借助民国时期期刊全文数据库、全国报刊索引、抗日战争与近代中日关系文献数据平台、爱如生《申报》数据库、近代报纸数据库、民国图书数据库、读书学术搜索等资料库进行搜集，获得大量的相关史料。在广泛搜索的基础上，编者又根据史料的篇幅和价值进行多次筛选，并按年代顺序加以编排，试图更加立体地呈现民国时期大东书局的发展情形，以便读者了解当时大东书局真实的历史面貌。

本书主要呈现五部分内容：（一）出版品类。书中史料涉及所出图书的各个类别，以及日历等文创产品的出品，体现其出版品的多样性；（二）教科书出版。书中包含诸多与大东书局教科书相关的政府文件，反映其教科书的出版以及教育局或地方政府的采纳使用情况，从侧面突出大东书局教科书的质量及特色；(三)营销发行。书中有许多关于大东书局对于各类书营销推广的新闻消息，从一定程度上可反映大东书局的营销方法及畅销的书籍所在；(四)工人运动。编者系统整理了大东书局不同阶段的罢工史料，可反映大东书局对于处理罢工事件的做法及对工人阶级的态度；(五)印钞、印邮业务。许多大东书局关于承印钞票、邮票业务的史料也收录在内。除此之外，关于股东年会、创始人讣告、举办活动等史料都可以在本书中找到。书中还收录了大东书局出版的《十五周年纪念册》《大东书局之过去情况与今后计划》《大东书局法律函授学社简章》三本单行本，具有较大的史料价值。

　　《大东书局史料初编》是一部反映大东书局四十年的史料合集，可从中挖掘分析大东书局的重要特征。出版史的研究实属不易，却更容易出成果。编者希望通过对大东书局出版史料的梳理编纂，能够为当下出版事业的发展以及出版学科的建设做出些许贡献。

　　本书由叶新2021年创意策划，2019级出版专业研究生潘俊辰同学以毕业设计的方式执行，2023级出版专业研究生顾银同学加以协助。这彰显了北京印刷学院出版学院"在做出版中学出版"的办学特色。

　　编者的本意是到2026年大东书局创立110年之际推出"大东书局史料全编"，并举办相应的纪念研讨会。本书只是个开始，吾辈仍须努力。

编者

2024年8月8日

编选说明

一、国内至今对大东书局尚无系统的专著介绍,本书是为将来专著的推出所作的资料准备。为帮助读者全面地了解大东书局,本书按年月顺序编排了目前可见的相关史料,涉及企业管理、出书特色、工人运动诸方面。

二、本书所收录的史料为1919—1950年的报纸、期刊所报道的大东书局相关内容。本书原应全面涵盖1916—1955年的所有内容,但因大东书局相关史料散漫,各类公文档案及私家记录不易搜集,不免挂一漏万。

三、本书内容主要选自《申报》《新闻报》《民国日报》《时报》《中央日报》《益世报》等报纸,以及《中国新书月报》《上海画报》《政府公报》《审计公报》等期刊。

四、本书在每条史料下都注明了出处。对于同一事件的多家报道,为避免重复,仅保留内容相对详细完整的一篇。

五、本书所录的部分史料原文无标题,编者均为之设置标题,并在标题右上角加"*"以作区分。

六、因史料底本过于模糊或残缺而无法考证的文字,代之以"□";在整理过程中发现的明显讹误,将改正的内容放在其后的"[ ]"内。

七、本书在整理时,对原文标点进行了一些必要的规范。

八、本书对所搜史料进行了筛选,凡字数少于二百字,难以自成篇幅且史料价值不高的资料均未选取。

九、本书名为"初编",是为大东书局史料编选工作之开端,以后还会有"二编""三编"……,为将来"大东书局史料全编"的推出奠定基础。

目　录

1919年

003 | 王幼堂呈送《中西合纂外科大全》等书请注册给照由*

1920年

007 | 王幼堂呈送《水彩画临本》等书请注册给照由*

1921年

011 | 王幼堂呈送《语体文法表解》等书请注册给照由*

1923年

015 | 大东书局之商况
015 | 王幼堂呈送《评注清文读本》等书请注册给照由*
015 | 大东书局举行廉价

1924年

019 | 王幼堂呈送《民刑诉状汇编》等书请注册给照由*
019 | 王幼堂呈送《新体评注唐诗三百首》等书请注册给照由*
020 | 征求全国名医验案
020 | 王幼堂呈送编印学生适用书籍请予通饬采用*
021 | 大东书局七周纪念
021 | 艺术界消息
021 | 大东书局之新出品

1925年

025 | 艺术界消息
025 | 五日消息

025	五日消息
026	志　谢
026	艺术界消息
026	大东书局出版《亚森罗苹案全集》
026	大东书局廉价加送百货百宝盒
027	大东书局之案头日历

1926年

031	大东书局之日历与贺片
031	大东书局五种特价
031	大东书局发售印泥
031	大东书局之赠品
032	大东书局添售文具
032	大东书局儿童书特价
032	大东书局星期廉价
032	大东书局星期廉价
033	大东书局新出《福尔摩斯案》
033	大东书局之星期廉价
033	大东书局第四次星期廉价
033	大东书局星期廉价
034	大东书局之星期廉价
034	大东书局橱窗之新陈设
034	今日之大东书局
035	大东书局股份有限公司举行第二届股东年会公告*
035	大东书局之星期廉价
035	大东书局股东会纪
036	今日之大东书局
036	大东书局星期廉价
036	大东书局第二卷《紫罗兰》出版
037	王幼堂呈送《国学常识》等书请注册给照由*
037	江苏实业厅颁发大东书局注册执照*

1927年

041	大东书局工潮近闻
041	大东书局工潮愈趋激烈
041	大东书局股东会纪略
042	大东书局半价大竞卖
042	大东世界两书局赠送影戏券展期五天
042	大东书局庆祝北伐胜利二次半价大竞卖七天
043	大东书局工友之呼吁
043	大东书局之新书
044	大东书局星期廉价
044	大东书局特别大廉价
044	大东书局冬季大廉价
044	大东书局新出版之案头日历
045	大东书局案历畅销
045	大东书局大廉价只有六天
045	大东书局昨日发生工潮
046	大东书局工友对局方启事之声辩
047	大东书局工潮之骚扰
047	大东书局一部份工人复工
047	大东书局工人解讯展期
048	大东书局被拘工人押候改期讯明
048	大东书局廉价只有两天
048	大东书局改革记
049	来　　函

1928年

053	大东书局工人续讯一庭
054	大东书局工人复工
054	大东书局贺年片之畅销
054	大东书局春季大减价
054	大东书局出版之图书杂志《戏剧月刊》*

ix

055	大东书局股东年会记
055	大东书局股份有限公司印刷所承接各种美术印品
056	出版界消息
056	大东书局之案头日历
056	大东书局特辟无线电西书部
056	大东书局党化书籍廉价
057	大东书局经售文具仪器
057	大东书局优待学界
057	上海特别市市政府令呈报大东书局案办经过*

1929年

061	大东书局举行儿童识字运动
061	大东书局儿童识字运动
061	大东书局案头日历出世
061	大东书局特辟新文艺小说部
062	大东书局贺年片大赠品
062	大东书局学校用品大贱卖
062	大东书局儿童识字运动
063	大东书局搜罗大批医书发售
063	大东书局贱售练习簿
063	出版界消息
064	大东书局举行竞卖
064	大东书局出售无线电学
064	竞卖声中之大东书局
064	大东书局股份有限公司召集第五届股东年会通告
065	大东书局纪念苏曼殊
065	大东书局寄售便宜中山呢
065	大东书局第五届股东年会纪
065	大东书局出版新书
066	大东书局迁移原因*
066	大东书局新出军事学书

066	致上海大东书局函

1930年

071	大东书局总厂(总务处)(编译处)(印刷所)(书栈)迁移通告
071	大东书局股东会纪
071	大东书局之扩充计划
072	大东书局设分局
072	大东书局发行《戏剧月刊》"特大号"
072	现代学生界之新发见
073	大东书局案头日历出版
073	变

1931年

077	章衣萍任大东书局编辑
077	大东书局之新发行所
077	《新家庭》创刊号出版
078	大东书局创办法律函授社
078	大东书局新屋
079	大东书局总店开幕廉价
079	大东书局股东年会
079	大东书局十五周纪念
080	《指海》
080	大东书局昨日罢工
081	大东书局全体职工罢工
081	大东书局工人昨日罢工
082	大东书局职工提先决条件,党政机关调处无结果
082	大东书局罢工,党政机关制止
084	来　　函
084	大东书局职工坚持继续罢工
086	大东书局工人昨日仍未复工
087	大东书局职工提出先决条件

088	大东书局宣告解雇未复工工友
090	为大东书局工友流泪
091	报界公会宣言
092	大东书局罢工职工二次宣言
093	南市各工会援助大东书局工友宣言
094	大东书局拒绝自行谈判
094	大东日历
094	大东书局创设法律函授社
095	论大东书局的罢工
098	大东书局工潮中之陶百川
098	来函:大东书局第十五次续订普通印花税票*
099	大东书局第十五次续订普通印花税票公函*
099	致大东书局函
100	大东书局将出版社会科学基本丛书
100	大东书局工潮略纪
103	大东书局法律函授学社简章
111	大东书局十五周年纪念册(节选)

1932年

137	大东书局案头日历畅销
137	大东书局股份有限公司举行股东年会通告
137	大东书局发给股息及红利通告
138	中华地学会登报催告大东书局
138	上海大东书局呈请通令采用该局初中教本*
139	大东书局开设特别廉价部
139	大东书局股东会纪
139	新生活小学教科书出版
140	大东书局新到口琴
140	《戏剧月刊》"谭鑫培号"
140	大东书局举行七五大廉价
141	大东书局征募家庭教育股

142	大东书局家庭教育股近讯
142	大东书局家庭教育讲座播音讯
142	大东书局家庭教育讲座特讯
143	大东书局发售一元货文具
143	郑通和播音演讲家庭教育

1933年

147	大东书局之儿童节纪念
147	大东书局赠送小学教科书
147	大东书局股东会
148	启导学级预告
149	大东书局举行九九大廉价二十七天*
149	大东书局发售精美日历
149	大东书局案头日历廉售
150	全国教育界公鉴
151	训令各小学校采用大东书局出版之新生活小学教科书
151	训令各小学校采用大东书局出版之新生活教科书
152	为据上海大东书局请通令各校采用该局出版新生活教科书令仰知照斟酌采用由
152	实业部指令
153	令知酌购大东书局出版之新生活教科书
154	核查上海大东书局印刷各种啤酒税证(一)*
154	核查上海大东书局印刷各种啤酒税证(二)*
155	恳通饬各县转令所属小学采用新生活教科书*
155	大东书局家庭教育讲座:家庭教育是学校教育的基础
156	大东书局承印《中华邮政舆图》五千册(一)*
157	大东书局承印《中华邮政舆图》五千册(二)*
157	查大东书局出版教科书课文*
158	大东书局股份有限公司二十年度资产负债表
159	教育部审定大东书局教科书实为最实用之小学教科书*
160	大东书局之过去情况与今后计划

xiii

1934年

183	大东书局之一风波《到北平去》的电报问题
183	大东书局课本波折续闻
184	大东书局自然教科书风波后续*
184	大东书局经理贩卖日货铅笔被缉拿*
185	大东书局教科书纠纷*
185	大东书局简讯
186	大东书局纠纷中之又一波
187	电政会诉大东书局进行和解
187	大东书局教科书纠纷将解决
188	电报局与大东书局和解
188	交部电政会控大东书局案昨解决
189	杭州大火损失调查
189	大东书局创办小学公民训练成绩竞赛
190	大东书局举办算术游戏
190	为据上海大东书局举办小学公民训练成绩竞赛请通令令[公]私立各小学参加仰知照
192	大东书局委约许公鉴先生主编"民众文库"指导社教教材班同学撰著
192	大东书局之教科书纠纷
193	教育部转饬采用大东书局新生活小学教科书*

1935年

197	许公鉴先生新著《民众教育宝[实]施法》出版大东书局印行
197	大东书局小学教科书书目
198	各书局印象记(续)(节选)
199	悼王均卿先生
200	新加坡总督公布华侨学校禁用课本
202	哀王均卿
203	补记王均卿事
204	大东书局股东会纪
204	大东书局代售秩序册

204	大东书局与狄平子之讼
205	大东书局登报禁止翻印《三民主义千字课》*

1936年

209	大东书局新张廉价
209	利用灌输文化名义　谭天诈欺取财
210	上海大东书局国医学大成售预约
211	大东书局运到新书
211	大东书局新教科书
211	大东书局昨开股东年会
212	大东书局运到新型日历多种
212	大东书局为内地读者服务
214	公民训练的实施和教材的使用
215	训令所属各小学校遵照采购大东出版之教科书四种*
216	大东书局函授学校日文科之新猷

1937年

219	大东书局函授文书

1938年

223	大东书局案头日历现售特价

1939年

227	香港大东书局承印中央银行新辅币券
227	中国邮票在大东书局分印

1940年

231	大东书局招考职员展期
231	新邮消息

1941年

235 | 中外公司消息之大东书局股份有限公司*

1942年

239 | 大东书局股票行情

1944年

243 | 悼大东书局总经理兼本会编辑委员沈骏声先生
244 | 《最高法院判例要旨》发售预约简章
245 | 敬悼沈骏声先生
246 | 《印刷通讯》发刊词*

1945年

249 | 骏声奖学金

1946年

253 | 大东书局印钞厂扣发工人遣散费
253 | 大东书局栈房失火

1947年

257 | 大东书局现因流通券业已印竣解雇工人*
257 | 董事会红人殷子白飞台接洽大东书局将承印新台币
258 | 重庆大东书局印刷厂的腐败竟步武中央信托局之后
258 | 上海大东印刷厂将发行国父像新版邮票
259 | 大东书局印钞机密

1948年

263 | 大东书局呈报请介绍《新儿童基本文库》*
263 | 大东书局劳资协议印钞职工给资解雇
264 | 大东印钞厂停工,工人要求继续开工
264 | 中央印制厂解雇纠纷调解奏效

265	大东书局呈请介绍《新儿童基本文库》*
265	台湾省政府教育厅采用大东书局出版《新儿童基本文库》*
266	大东书局编辑部来函
266	集邮小言

1949年

271	大东书局停印钞票
271	捐献热潮继续高涨
273	上海大东书局及中央印制厂印制国父遗像新金圆邮票*
273	王均卿先生行述

1950年

279	华东出版委员会关于世界大东两单位情况报告
	致黄洛峰的信
286	出版总署为准备接管大东书局致华东新闻出版局电
287	出版总署办公厅计划处拟对于大东书局的处理意见

1919年

王幼堂呈送《中西合纂外科大全》等书请注册给照由*

内务部批第一六五号

原具呈人大东书局王幼堂

呈一件呈送《中西合纂外科大全》等书请注册给照由：

据呈送《中西合纂外科大全》《中西合纂妇科大全》《实用人事大全》《商店学业指南》四种著作物，请予注册给照，并声明各书末页间有载列著作人之姓氏，系本局出资所聘等情，并样本各二份，注册费银二十元，到部。核与著作权法第七条相符，应准注册给照，除公布外合行批示、知悉执照，并发此批。

部印

中华民国八年三月二十一日

内务总长钱官印

原载《政府公报》1919年第1131号第34页

1920年

王幼堂呈送《水彩画临本》等书请注册给照由*

内务部批第七二九号

原具呈人大东书局王幼堂

呈一件呈送《水彩画临本》等三种著作物请注册给照由：

据呈送学校适用《水彩画临本》《三苏文评注读本》《韩文评注读本》三种著作物，请予注册给照，并声明各书后所刊编绘评注之钱病鹤、但杜宇、沈石民、王懋系本局出资所聘，国学研究会系本局附设，其所校勘之《三苏文评注读本》《韩文评注读本》两种，所有版权概为本局所有等情，暨样本各二份，注册费银十五元，到部。核与《著作权法》第七条暨第二十条尚属相符，应准注册给照，除公布外合行批示、知照执照三张，并发此批。

部印

中华民国九年九月三十日

署内务总长张官印

原载《政府公报》1920年第1671号第23页

1921年

王幼堂呈送《语体文法表解》等书请注册给照由*

内务部批第七七二号

原具呈人大东书局王幼堂

呈一件呈送《语体文法表解》等三种样本请注册给照由：

据呈送出资聘人所成之《语体文法表解》《新体学生白话尺牍》《新体儿童白话尺牍》三种著作物，请予注[册]给照等情，并样本各二份，注册费十五元，到部。核与《著作权法》第七条暨第二十条尚属相符，应准注册，除公布外，合行批示执照，并发此批。

部印

中华民国十年九月二十四日

内务总长齐官印

原载《政府公报》1921年第2045号第12页

1923年

大东书局之商况

大东书局将印一种精美之贺年卡,请画家谢之光绘图,用三色版精印。字句亦新颖,各体齐备。现正印刷中,不久即可发售,取价极廉云。

原载《申报》(1923-01-20)

王幼堂呈送《评注清文读本》等书请注册给照由*

内务部批第三二六号

原具呈人大东书局王幼堂

呈一件呈送《评注清文读本》等八种请注册由:

据呈送《评注清文读本》《评注宋元明文读本》《女子论说新范》《小学论说新范》,言文对照《高等新法文范》《初等新法文范》《女子新法文范》《小学生新尺牍》八种著作物,请予注册给照等情,并样本各二份,注册费银四十元,到部。《评注清文读本》《评注宋元明文读本》二种核与《著作权法》第七条暨第十九条相符,其余六种核与著作权法第七条相符,均准注册给照,合行批示、知照执照八张,并发此批。

部印

中华民国十二年三月二十六日

内务总长高官印

原载《政府公报》1923年第2540号第10页

大东书局举行廉价

福州路大东书局,于本月十一日起,举行秋季大廉价。各种书籍,概售对折,因所出各种学校用书,合于学生之用,故纷纷购买,营业甚盛云。

原载《申报》(1923-08-27)

1924年

王幼堂呈送《民刑诉状汇编》等书请注册给照由*

内务部批第十号

原具呈人大东书局王幼堂

呈一件呈送《民刑诉状汇编》等六种请注册给照由：

据呈送全国律师《民刑诉状汇编》《当代五百名家分类应酬文汇》《评注唐文读本》《评注南北朝文读本》《评注汉魏文读本》《评注周秦文读本》六种著作物，请予注册给照等情，并样本各二份，注册费银三十元，到部。核阅《民刑诉状汇编》等六种均与《著作权法》第十九条尚属相符，应准注册给照，合行批示、知照执照六张，并发此批。

部印

中华民国十三年一月十一日

内务总长高官印

原载《政府公报》1924年第2830号第6页

王幼堂呈送《新体评注唐诗三百首》等书请注册给照由*

内务部批第一八三号

原具呈人大东书局王幼堂

呈一件呈送《新体评注唐诗三百首》等十种请注册给照由：

据呈送《新体评注唐诗三百首》《新体评注宋元明诗三百首》《分类新撰楹联大全》《诉讼大全》《语体文作法》《骈体文作法》《论说文作法》《记叙文作法》《书翰文作法》《作文虚字用法》十种著作物，请予注册给照等情，并样本各二份，注册费银九十元，到部。核阅《作文虚字用法》与《著作权法》第七条相符，《新体评注唐诗三百首》等九种与《著作权法》第七条暨第十九条相符，均应准予注册给照，合行批示、知照执照十张，并发此批。

部印
中华民国十三年三月八日
内务总长龚官印

原载《政府公报》1924年第2870号第10页

征求全国名医验案

全国道长先生台鉴：慕李徒殷，瞻韩未遂。比维

道高橘井，

春满杏林。引领

清辉，倾心遥祝。

敬启者：敝局为研究医术、利济群生起见，拟编《全国名医验案》一书，分门别类，博采兼收，用事征求，藉广推衍。伏念

先生以和缓之才兼胞与之量，其已经治验之各医案，当备有副本，务恳择尤录寄，俾付枣梨，用光篇幅，庶登斯民于寿域，并垂

大名于无疆焉，附载缘起简章及医案程式。敬乞

台览，顺颂

日祺

上海大东书局编辑所谨启

原载《绍兴医药月报》1924年第1卷第7号第14页

王幼堂呈送编印学生适用书籍请予通饬采用*

训令第六一六号九月十五日

令省立各学校校长、各县知事：

案据大东书局局长王幼堂呈送编印学生适用书籍五十四种清折及样本，请予通饬采用等情，到厅。除批示外，合亟将各种书目刊登《河南教育公报》，令仰该县校转饬所属各校酌量采用。此令。

原载《河南教育公报》1924年第3卷第14/15期第4页

大东书局七周纪念

四马路大东书局开幕以来,已届七年。现定于七月二十一日起举行七周纪念,赠送礼券四千元。凡购书满洋五角,赠送礼券一角;满洋一元,送礼券二角。多购照数推算,以四千元赠罄为限。

原载《时报》(1924-08-21)

艺术界消息

《半月》第四卷号一第[第一号],本拟于阴历十月十五日由大东书局出版。惟该志主者为精益求精起见,不欲草率从事,拟再展期一月。一方面仍欢迎读者订阅,有特殊利益。第一号之图画文字均极有精彩,中有张孤之笔记,并包天笑、漱亦[六]山房、李涵秋之长篇小说,毕倚虹、江红蕉、范烟桥、周瘦鹃等之短篇小说。向文艺界诸名流合答"一男子可于同时爱二女子否"之新问题,亦极有趣味云。

原载《小时报》(1924-11-15)

大东书局之新出品

大东书局出版之《半月》杂志,系小说家周瘦鹃氏所主任。现正征求第四卷之阅者,闻第一期本月十五日准可出版。又该局新出案头用爱情日历一种,每日均有关于爱情之格言,配以铜架,精美异常云。

原载《新闻报》(1924-12-06)

1925年

艺术界消息

大东书局发行之《半月》第四卷第五号业已出版,内有《福尔摩斯新探案利诱记》,系柯南道尔最新作品,甫于本年一月份出版,经周瘦鹃迻译刊登,文情俱茂,爱读福氏探案者,不可不读。

原载《小时报》(1925-02-25)

五日消息

大东书局出版之《半月》为周瘦鹃君主辑,读者多称"小说杂志之王"。兹闻第四卷第六期拟出"武侠号",小说现已得海鸦之《包四阁罗》、烟桥之《无名指》、瘦鹃迻译之《福尔摩斯新探案拯艳记》、小蝶之《续异史》、民哀之《古塔三头记》,并闻袁寒云诸君等作品尚在邮寄中云。

严芙孙君业有□报三日刊之出版,拟于本月二十边出版,撰述者多为海内名家云。(顺风耳)

原载《华风》(1925-02-27)

五日消息

四马路大东书局将于一二月内,有《亚森罗苹案全集》之出版。文体尽用白话,为大小说家周瘦鹃君主辑,部凡百余万言,每案均请名画家庞亦鹏君绘图,共二十四厚册。现先出半数,定价大洋十元,预约正元,诚为小说界空前之大丛书也。(顺风耳)

原载《华风》(1925-03-04)

志　谢

大东书局之《半月》第四卷第八号，昨已出版。图画文字，益见精美。特载有血侠之《续雀谱》，可为爱麻雀牌者参考之一助。小说有卓呆之《务本女校之庭前》，瘦鹃译《福尔摩斯新探案拯艳记》，均为佳作。又有天恨之《清明风雨录》，内有各体小说五篇，亦属应时好品。他如天笑、涵秋、漱六山房之长篇小说，亦足引人入胜云。承赠一册，谢谢。

原载《小时报》(1925-04-08)

艺术界消息

大东书局周瘦鹃君所主编之《亚森罗苹案全集》，上半部已于今日出版。亚氏为法人勒白朗理想中之侠盗，其案情之曲折迷离，更超福尔摩斯案之上。全集有长篇十种，短篇二十八种，勒氏历年所著，尽备于此。内如长篇中之《金三角》《虎齿记》《三十柩岛》，短篇中之《就擒记》《系狱记》《兔脱记》，率皆奇诡可读。并有插画多幅，极为精美。说者谓为出版界希有之巨著云。（黑旋风）

原载《小时报》(1925-05-20)

大东书局出版《亚森罗苹案全集》

法国《侠盗亚森罗苹案》为侦探小说中名作，其情节奇诡，较之福尔摩斯各案有过之无不及。惟中国译本不多，读小说者每引以为憾。近大东书局搜集各国之译本都二十八种，由各小说家分任迻译，于昨日出版。全书二十四册，分上下两函，每案均有精美插图云。

原载《新闻报》(1925-07-15)

大东书局廉价加送百货百宝盒

福州路大东书局于上月二十三日起，有廉价加送国货百宝盒之举。凡各种适用新书，一律照批价廉售。购满一元，另送国货百宝盒一只，多则类推。盒内装有价值二元以内之各种精良合用国货，每盒外面并不标明，由购者自行选取拆看。自举行以来，购者纷纷，日不暇给，惟为期有限，不日即须截止云。

原载《申报》(1925-09-27)

大东书局之案头日历

大东书局新出十五年案头日历三种。一种为典故日历，宜于官署机关之用；一种为常识日历，宜于家庭商店之用；一种为爱情日历，宜于文人闺媛之用。其座盘俱用最新发明之钢钟制造，钢钟为金属品，永不变色，每份俱售一元云。

原载《申报》(1925-12-10)

1926年

大东书局之日历与贺片

大东书局今年出有案头日历三种，俱皆编制精良，印刷明显，座盘用钢钟制造。买五只可以送一只。又贺片花式亦有一百余种之多。新出七色版花草贺年片一种，尤为精美，每张只售二分。

原载《申报》(1926-01-01)

大东书局五种特价

四马路大东书局于今日起，将《各界文牍大观》《儿童智识宝库》《助产妇学》《分类应酬文汇》《上海春秋》五书，发售特价，均照定价减低十分之四五不等。并加赠有用好书，惟定期只限半月，十五日即须截止云。

原载《新闻报》(1926-01-14)

大东书局发售印泥

大善塔商标各种印泥，系绍兴文茂山房主人王锦瀛君所制，问世十余年，销行极广。兹闻王君因徇海上诸大书画名家之请，特携印泥多种，托四马路大东书局为代售处，其价目自每盒四角五分至五元不等云。

原载《新闻报》(1926-01-24)

大东书局之赠品

大东书局近日发售贺年片，内附有各项赠券，第一种为花缎马褂料，第二种为金山驼绒毯，其余为热水瓶、美女画和合粉等品。连日购者拥挤，每日可售二千余盒。闻该项片盒只备二万，售完以后，决不再添云。

原载《新闻报》(1926-02-03)

大东书局添售文具

四马路大东书局向不售卖文具。近因学子要求及为顾客便利起见，特于今年起添设文具仪器部，已于正月十一日正式开始营业。闻所办货物至为美备，凡各种文具、仪器、美术品，无不应有尽有，且售价亦特别低廉云。

原载《新闻报》（1926-02-25）

大东书局儿童书特价

四马路大东书局所出儿童用书共有三十一种，文字浅明，最为一般儿童所欢迎。兹于十三日起，发售短期特价十天，一律照定价对折。

原载《新闻报》（1926-02-27）

大东书局星期廉价

四马路大东书局为减轻学生负担起见，特创星期廉价，每逢星期日举行。不论书籍文具，星期日一律照平常折实售价，再打九折。今日为该局举行之第一日，适各种儿童用书发售特价。闻亦可照星期廉价办法，同享再打九折之优。此诚破天荒之特别廉价，为书业中从来所未有也。

原载《新闻报》（1926-02-28）

大东书局星期廉价

大东书局创办星期廉价，已于上星期开始举行，成绩颇为佳美。今日为该局星期廉价之第二日，各种书籍、文具一律照常售价九折出售。并闻文具部新运到新式文具数十种，已漏夜开箱，一并发卖矣。

原载《申报》（1926-03-07）

大东书局新出《福尔摩斯案》

四马路大东书局近由小说家周瘦鹃主译成《福尔摩斯新探案全集》一部，业已出版。其中俱为柯南道尔之欧战以后新作，而未经人译过者。全书共四册，定价一元六角。现于今日起发售，短期特价三星期，每部减收九角六分。详情可阅今日《快活林》下该局所登广告。

原载《新闻报》(1926-03-08)

大东书局之星期廉价

今日为大东书局星期廉价之第三日，适逢《紫罗兰》第七号出版，向售三角，今日只须二角七分，又现售《尺牍成语辞典》《商业珠算全书》预约，《福尔摩斯新探案全集》特价，闻亦可照预约特价之价目再打九折云。

原载《新闻报》(1926-03-14)

大东书局第四次星期廉价

今日为四马路大东书局星期廉价之第四日，各种书籍文具一律九折，如现售预约之《尺牍成语辞典》及《商业实用珠算全书》，现售特价之《福尔摩斯新探案全集》，亦一律照预约特价九折发售。又新近添售寻源学塾出版之《新式国史读本》《治国学门径》等书，折扣均照对折，今日亦再打九扣云。

原载《新闻报》(1926-03-21)

大东书局星期廉价

今日之大东书局星期廉价，又与平日不同。因现售预约之《尺牍成语辞典》及《商业实用珠算全书》，现售特价之《福尔摩斯新探案全集》均于今日满期，若于明日购买，九折之利益固不能享受，预约及特价之利益更永远不可得矣。又瘦鹃主干之《紫罗兰》第八号亦于今日出版,仍照例售九折云。

原载《新闻报》(1926-03-28)

大东书局之星期廉价

大东书局自创行星期廉价以来,极为一般于星期休沐之商人、学子许为便利。今日又为星期,除各种书籍、文具,仍一律九折,并有新到新派书法之法国画片及新出版之《学生文艺丛刊》第三卷第一集,于今日起发售。又包天笑著长篇说部《上海春秋》现正发售特价,即照特价九折出售云。

原载《申报》(1926-04-11)

大东书局橱窗之新陈设

四马路大东书局近因《戏学汇考》一书发售预约。特请桑栋臣君,别出心裁,装置橱窗,分做上下两部,上面装一《打花鼓》剧,下面装一《西游记》剧,手足眼目,均能自动。复加以花卉及五彩电灯,以为点缀。以是观者纷纷,一入夜间,尤形热闹云。

原载《申报》(1926-04-13)

今日之大东书局

今日星期,又为四马路大东书局廉价之日。各种书籍、文具,仍照向例,比较平日便宜一个九折。如《戏学汇考》,为戏学中一部大著作,现正发售预约,则照预约价九折。又如《上海春秋》及《袖珍说集》,现正发售特价,则照特价九折,此乃双料之便宜,迟早要购,似不宜失此机会也。

原载《申报》(1926-04-18)

大东书局股份有限公司举行第二届股东年会公告*

兹定于五月十六日（即阴历四月初五日，星期日）下午二时，在上海福州路倚虹楼西菜馆开本公司第二届股东年会，报告上年账略营业状况及提议事件，选举董事监察人。届时务祈各股东准时莅会，实为至盼，除专函通知外，特此布闻。再自登报日起至开会日止，在此期内照章停止股票过户，合并奉闻。

上海大东书局股份有限公司董事会谨启
十五年四月二十日

原载《申报》（1926-05-08）

大东书局之星期廉价

今日又为大东书局之星期廉价日，各种书籍、文具一律九折。新出版者，如《紫罗兰》第十一号、《学生文艺丛刊》第三卷第一集。大部发售预约者则有《戏学汇考》，平日预约，精装三元，今日两元七角；平装二元四角，今日两元一角六分云。

原载《申报》（1926-05-16）

大东书局股东会纪

大东书局股份有限公司于昨日下午二时，假倚虹楼西菜馆开第二届股东年会。股东到会者计九百七十六权，当推宋雪琴君主席，报告上年账务及营业情形、提议事件。次选举董事监察人，董事当选者为吴砥成、吕子泉、王韵庆、宋雪琴、沈骏声、王幼堂、徐藕卿，次多数备选者为王学尧、周瘦鹃，监察人当选者为李兆麟、宋文献，次多数备选者为吕在明云。

原载《申报》（1926-05-17）

今日之大东书局

今日又为大东书局星期廉价日,除各种书籍、文具,不拘本版、外版,一律照平常九折外,其尤堪注意者为该局近发售预约之大部著作,如《四库全书总目提要》及《戏学汇考》两书,亦一律可照九折预约云。

原载《申报》(1926-05-23)

大东书局星期廉价

今日又为大东书局之星期廉价日,凡各种本外版书籍及文具、仪器,一律均照折实售价九折出售。又自《四库全书总目提要》预约将于月底截止,在预约期内星期廉价,亦只仅此一日云。

原载《申报》(1926-08-01)

大东书局第二卷《紫罗兰》出版

四马路大东书局出版之《紫罗兰》系周瘦鹃先生所主干,行销海内外,极受读者赞赏,认为最有价值之杂志。兹闻第一卷业已出全,第二卷该局将益为刷新,中如《紫罗兰画报》为从来小说杂志中所无,以后当努力搜集相片、制版刊登。又加《福尔摩斯新探案》在《海滨杂志》中发表,该志即能立时转译。此外更特约海上小说名家何海鸣、江红蕉、骆无涯诸君,轮流撰著短篇小说,每号必有名隽佳作披露。长篇小说除原有者外,又请姚民哀撰党会长篇《荆棘江湖》,冯大译《亚森罗苹集外奇案》(《怪美人》)、《诡谲惊奇》,均大有可观。现第二卷第一号定阴历十一月十五出版,并为优待爱读起见,仍援去年成例,于前日起至十一月十五日止,发售短期优先特价二十一天。在此期内,预定全年,一律减收四元八角。闻昨日往该局预定者甚为踊跃,大有门庭若市之概云。

原载《申报》(1926-11-30)

王幼堂呈送《国学常识》等书请注册给照由*

内务部批第九八〇号
原具呈人大东书局王幼堂

呈一件呈送《国学常识》等七种请注册给照由：

据呈送《国学常识》等七种著作物，请予注册给照等情，并样本二份，注册费银三十五元，到部。查《国学常识》《评注历代诗读本》《学生辞典》《注音详解学生新字典》《儿童智识宝库》《绘图新儿童》等六种核与《著作权法》第七条、第十九条、第二十条之规定相符，《亚森罗苹案全集》核与《著作权法》第七条、第十条、第二十条之规定相符，应均准予注册给照，合行批示、知照执照七张，并发此批。

部印
中华民国十四年十二月二十九日
内务总长龚官印

原载《政府公报》1926年第3537号第8页

江苏实业厅颁发大东书局注册执照*

令江苏实业厅

颁发大东书局注册执照由：

案准江苏省长咨称，大东书局股份有限公司遵饬修改章程，声叙股银业经补缴，恳予转咨鉴核。据情咨请核办等因，查该公司此次所报章程修改之处尚无不合，应准注册，股银一项。前据股东名簿内开缴到七万元，呈请书亦为同样之开报，此次声叙股本十万元，业经收足。应饬补具股东名簿，分别开清，缴股月日送部查核。除咨复外，合行填发注册执照一纸令，仰该厅转给具领。此令。

原载《江苏实业月志》1926年第3期

1927年

大东书局工潮近闻

大东书局职工会日前提出条件十二条，向公司要求改良待遇。公司并无具体答复，该职工同人不得已全体罢工，分发宣言，一面由执行委员会及印刷总工会向公司责问。公司提出条件，该职工同人仍不满意，一致坚持罢工，并发第二次宣言，请求各界援助。

原载《新闻报》(1927-04-02)

大东书局工潮愈趋激烈

大东书局职工会自前旬提出条件十二条，向公司要求改良待遇。公司一味延宕手段，并无具体答复。该职工同人不得已全体罢工，分发宣言，一面由执行委员会及印刷总工会向公司责问，公司始以相去极远之条件相敷衍。该职工同人以公司既无诚意，不胜愤激，一致坚持罢工，并发第二次宣言，请求各界援助。兹觅得其第二次宣言如下："我们为生活的问题，提出十二条最低微、最和平的条件，向公司要求。那知公司当局毫不体恤，不肯容纳，我们不得已实行罢工，满拟公司有所觉悟，改变对付方针。这种情形已在第一次宣言中很详尽的说过了，无奈公司当局完全没有诚意，起初故意延宕，后来勉强答复了三条，却和我们所提出的相去霄壤。一方备种种手段，希图破坏我们的团体，要置我们于死地。这是何等的恶毒啊！我们罢工以来，已有十一天了，条件依旧没有圆满的解决。我们没有别法，只好一致奋斗，坚持到底，还希望各界与以同情的援助，这是我们所急切盼祷的。大东书局职工会启。"

原载《申报》(1927-04-03)

大东书局股东会纪略

大东书局于昨日下午二时，在四马路倚虹楼开第三届股东年会，到会股东一千零三十八权。公推董绶经为主席，报告营业状况账略，并投票选举董事、监察。董事当选者为吕子泉、吴砥成、王幼堂、王韵庆、宋文献、沈骏声、张澹如、董绶经、殷子白,候补当选者为王孝尧、周瘦鹃。监察当选者为徐藕卿、李兆麟,候补当选者为周庆生、周瘦鹃云。

原载《申报》(1927-05-11)

大东书局半价大竞卖

四马路大东书局于十八号起,举行半价大竞卖二十一天,所有各项本版书籍一律半价发售,诚为特别好机会。此外有党化书籍多种,更以比半价便宜之特别价目出售。并设特别廉价部,将微有毁损之书大批陈列,照原价一、二、三折出售不等,截止期即在目前。

原载《新闻报》(1927-05-28)

大东世界两书局赠送影戏券展期五天

四马路大东、世界两书局代售《中国影戏大观》,自随书附赠北京大戏院影戏代价券以来,购者非常踊跃。预定期限,今日本已截止,为优待向隅者起见,特展期五日。在此五日内,仍照优待办法,凡向大东、世界两书局购《中国影戏大观》一册者,概赠戏院代价券一张,持此券往北京大戏院看戏不费分文。倘不要此项代价券,则赠女明星照片两张。闻过此数日,即取消赠品云。

原载《新闻报》(1927-06-08)

大东书局庆祝北伐胜利二次半价大竞卖七天

四马路大东书局因庆祝北伐胜利,特于今日起,至廿三号止,二次举行半价大竞卖七天。所有各种本版图书一律半价,照向售七折而论,可以便宜二成之多。其余外版图书及文具亦一律照原价廉售九折,以资庆祝。并闻新出有大批党义书籍,藉为革命之宣传云。

原载《新闻报》(1927-06-17)

大东书局工友之呼吁

上海区大东书局工友被迫罢工，向各界郑重宣言云："各界同胞公鉴：敝局大东书局印刷所工会全体工友，因受局方第二次裁员减薪并开除敝会执行委员陈炳生、韩志高，工友邱巧生等三人之无理压迫，已至忍无可忍。前日呈请工统会派员调解以息争端，不料局方态度硬强，一再借词延宕，形同拒绝，无诚解决可知。兹将敝局经理沈骏声、所长徐志仁共同苛待职工之详情，诉告于社会人士之前，俾关心工人生活者加以评判焉。查敝局自本年四月间起，屡有无故开除工人职员之事。至六月初，局方又借口营业清淡，提议裁员减薪。当在职员方面，不论月薪多寡者，按员一律减去三成。而在工人方面，亦照例每人减去二成。其时同人等因鉴谅公司方面确受时局影响营业不振之情事，故皆忍痛承认减少工资，毫无异议。而公司方面，亦当体谅同人之苦衷，理宜开诚布公、同舟共济，然后公司营业，不难恢复从前旧观。不意相安至今，为日无多，公司方面又复诛求无厌，提议第二次裁员减薪之举，及以高压手段实行减少各工友之工资，并将在敝局工作多年之安分工友及职员等均被借故开除。从本年四月间迄今陆续被开除之职员、工人达七十余人之多，被裁之人又大半一无津贴。客籍职工只流落至不能归乡，当时虽一再恳求，局方竟毫不顾恤。如此不顾公理、一意孤行，直欲置全部职工于死地。至次不特无故开除工友及减少工资，并且将十月份各工友应领之工资逾期不发，显见有意挑衅。同人等遭此压迫，生计垂绝，不得已出于罢工之一途，以促局方之觉悟。尚望各界同胞主张公道、予以援助，不胜感祷之至。上海区大东书局工会全体工友泣启。"

原载《申报》（1927-11-07）

大东书局之新书

大东书局为现代国民所应具常识，特编《工人尺牍》《商民民牍》《妇女尺牍》《农民尺牍》，现已出版，每种全厚一册，定价三角，现售对折。

原载《民国日报》（1927-11-10）

大东书局星期廉价

本版书籍、仪器、文具,一律照平常实货价再打九折。又新出结婚证书,自出版以来甚为畅销,甲种定价八角,乙种定价五角,印刷鲜明、纸张洁白、美丽可爱云。

原载《新闻报》(1927-11-12)

大东书局特别大廉价

大东书局自十一月十六日起,十二月六日止,特别大廉价一个月。平时售实洋一元者,再打八折。《亚森罗苹案全集》自出版以来,风行全球。现已三版付梓,预约一月,廉价期内以对折出售。

原载《新闻报》(1927-11-16)

大东书局冬季大廉价

大东书局自本月十六日起廉价一月,购者甚为踊跃。现由欧美各国办到大批文具,新式保光眼罩、自来水笔、赛银相架、各种仪器,一律九折出售。

原载《新闻报》(1927-11-18)

大东书局新出版之案头日历

大东书局新出十七年案头日历三种:一为国民日历,宜于党部机关之用;一为常识日历,宜于家庭各界之用;一为爱情日历,宜于文人闺媛之用。其底盘为新发明之钢钟制造,市上所无,能永不生锈变色,连架每只定价一元,现届廉价期内,可打九折。

原载《新闻报》(1927-11-20)

大东书局案历畅销

大东书局新出十七年份案头历国民、常识、爱情三种,编制完善、印刷精良、纸张洁白、售价低廉,市上甚为畅销。现届特别大廉价期内,照定价再打九折,存书无多,不日再版。

原载《新闻报》(1927-11-26)

大东书局大廉价只有六天

四马路大东书局自十一月十六日举行大廉价以来,营业甚为发达,皆因本版书籍、文具、仪器减低折扣之故。现届廉价期只有六天,购者请弗失此良机。

原载《新闻报》(1927-12-10)

大东书局昨日发生工潮

工会方面消息,大东书局工会二分会来函云:昨日上午八时,大东书局照例敲钟上工,不料上工后有工头潘某,不知何故,与少数工友发生龃龉。该工头突将马达关闭、不准开工,因之激动全体工友之公愤,一致宣告罢工。公司方面,立即报告英捕房,谓该局工人有暴动之举。捕房得报后,派探往查该工人等,尚无意外行动云云。

书局方面消息,大东书局昨为印刷所工人罢工事发出通告云:敝厂自上月发生工潮,工人方面提出条件之后,即经工统会派员调解,将工会提出之条件全部解决。乃签字之后,工会代表忽又先后提出补充条件五条、七条。敝局以一月之内工会两次提出要求,事情重大,即将条件提交董事会核议。兹以敝局经济,正在万分困难、周转乏术之际,如此一再要求,前途何堪设想!议决将劳资双方纠纷情形,呈请上海特别市劳资调节委员会,秉公调解在案。讵料昨日(十二月十二日)上午该工会竟不待正式调解,突然自由行动,强迫敝公司将第二次所提条件完全承认。一面罢工,一面派遣多人分头占据电话室,及把守前后门,不准厂中人员外出,并于十二时阻止放工,致多数职员工友无从得食,群情恐慌,形势汹汹,非常迫切。忽为捕房所闻,派捕来厂,劝告工友暂时散去,重围始解,而敝厂已被封锁四小时之久矣。目下敝厂在一时未能复工之际,除吁请上海特别市政府农工商局暨劳资调节委员会迅予秉公处断,以期工潮得早日解决外,深恐各界不明真相,特将敝局发生工潮实在情形沥陈如右,并祈公鉴云。

原载《申报》(1927-12-13)

大东书局工友对局方启事之声辩

大东书局工会全体工人通启云:"十三日报端披露大东书局之紧要启事,全系捏造事实、淆乱听闻,以快其压迫工人之私心。兹将局方之阴谋及工人之苦况,向各界述之。局方于本年二月中起,无故陆续开除职工七十余人,六月间强行减去工人工资二成、职员三成,十月间复行裁员减薪,并无端开除敝会执行委员陈炳生、韩志高、邱巧生等,并扣发工友十月份应领工资。似迭次压迫工人,实忍无可忍,遂激成罢工之举。后经工统会允与负责办理,故次日即行奉命复工。孰料局方狡计百出,以致敝会所提之条件,牵延两月,迄未解决。工统会发登各报之悬案,可为明证。十三日报载'工会所提条件全部解决'全系欺人之语,又云'一面罢工,一面派遣多人分头监视电话机,及把持前后门,不准厂中人员外出'等语,更属子虚。若有监视之举,则帝国主义者之巡警,由何方得进吾工场侮辱工人?且局方计画,拟于明春元旦日开除大批工人。同人闻此,不胜惊慌,爰有第二次被逼之罢工。局方立即召帝国主义者之大批巡捕,把守各门,逢人搜索。今复嫁祸工人,其用心险恶,概可知矣!今将工人罢工缘由,及局方压迫情形,据实敬告各界,尚望各界同胞垂念同人苦况,主持公道,予以援助,不胜迫切待命之至。深恐各界不明真相,特此沥陈,尚希洞鉴。上海市大东书局工会全体工人同启。"

原载《申报》(1927-12-16)

大东书局工潮之骚扰

前日大东书局排字间工头朱荣生,见市党部及工人总会劝告复工之通告,曾扶病至该局接洽复工问题一次。至下午五时许,忽有工人三十余人,包围梅白克路三德里维仁坊十号朱之寓所,由吴生元、张连顺等入内,将朱由床拖出,饱以老拳。时有与朱同居之施兆良,亦被殴辱。后由看弄门者鸣捕,将吴生元、张连顺二人拘住,余均纷纷逃散。昨日上午,捕房将吴、张二人解送法院,开刑庭审讯,由看弄门高姓证明当时骚扰情形,被告咸俯首无辞。当庭判吴、张二人各处徒刑三月。

原载《新闻报》(1927-12-21)

大东书局一部份工人复工

大东书局印刷部罢工以来,已有多日,日昨一部份已复工。该书局前曾呈请农工商局请先令工人复工,昨日已出批示,略云:"大东书局呈报工会骚扰情形,请令先复工,再俟调解。来呈均悉,已饬令该书局工人即日复工。如有工人借端滋扰,可就近报捕制止,呈由本局及卫戍司令部核办。至于两方条件,仍由劳资调节会秉公处理可也。此批。"

原载《民国日报》(1927-12-27)

大东书局工人解讯展期

牯岭路一百零一号大东书局工人,绍兴人罗金安、沈天有,奉贤人徐念旭,浦东人马文生、黄福海,无锡人冯根全,南京人吴占椿,苏州人王怀仁,于前晨至局要求改新条件,煽惑同局职员及众工人罢工,被该新闸捕房派中西探前往将罗金安等一干人拘入捕房,昨晨解送临时法院。据中西探投诉前情,请求无期,经梁推事向多被告略诘一过,谕令本案改期再讯,被告等均讯押。

原载《时报》(1927-12-28)

大东书局被拘工人押候改期讯明

大东书局罢工之工人,经捕房拘去九名,已志昨报。昨晨族闸捕房将所拘之罗金安、沈天有、徐念旭、马文生、黄福海、冯根全、吴占椿、王怀仁等九人,解送临时法院,控其煽惑该局职员及工人,希图一致罢工,经梁推事质讯一过,谕各被告押候改期讯理。

原载《申报》(1927-12-28)

大东书局廉价只有两天

大东书局举行特别大廉价。自展期以来,本版图书、文具、仪器价格非常便宜,营业极为发达,现于三十一日截止,为时只有二天。常识案头日历三版已出,钢盘座每只一元,钢架座每只八角,不连座每份五角,廉价期内可打九折。

原载《新闻报》(1927-12-30)

大东书局改革记

工潮后之新气象

成 言

大东书局开办迄今近八载,分局几遍全国,书业中亦称巨擘。中坚分子为吕子泉君,吕曾以数元代价购得浙江奖券三条,得万五千元,悉数投大东,遂一跃而任总理。总理以下,营业部长为沈骏声君。沈君为世界书局总理沈知方君侄辈行,办事颇有干材。复以王幼堂君任经理。王为旧式商人,思想虽稍陈腐,而办事颇见谨慎,亦大东有力分子也。乃者工潮澎湃,大东不免卷入漩涡,于是一切事宜,俱有变迁。王君辞经理职,公司乃以沈君继之。编辑部本在新垃圾桥堍,以适处华租交界,出入深感不便,四出觅屋,牯岭路故有沪上有名叉袋角朱八、朱九之旧宅,近以其父谢世,母氏等俱避走琴川,故居无人,乃转租于大东。以八上八下之巨宅,月租四百两,未见其昂也。闻自四月朔起租,故近有过牯岭路者,辄见朱地黑书之"朱公馆"一易而为白纸黑字之"大东书局股份有限公司"矣。闻沈君自接事后,力谋改革,气象为之一新。又以办事便利起见,向在四马路总局楼上之推广部亦已迁入牯岭路新屋。行见革新后之大东,营业鼎盛,当较工潮以前尤为蓬勃矣。

原载《上海画报》1927年第231期

来　　函

主笔先生大鉴:

　　阅九号贵报有《大东书局改革记》一文,内记经理王幼堂辞职云云。按王君并无辞职之事、其他各项亦多与事实不符,相应函达,乞予将此函赐登"来函栏",以为更正。是为至托。此颂

撰祺。

大东书局总务处启
五月十一号

《上海画报》1927年第233期第1页

1928年

大东书局工人续讯一庭

牯岭路一百零一号大东书局工人罗金安、徐念劬[旭]、马文生、马[冯]根全、吴占椿、黄福海、王怀仁、沈天有,于上月廿六号煽惑众工人罢工,被新闸捕房中西探查,悉将罗等八名拘解临时法院讯押在案。昨日午后由法院提讯,即据原告代理律师到庭陈述案情,并向大东书局协理沈金生[沈骏声]诘据供称:"我局于上月十二号发生罢工风潮,第一被告罗金安系为首指挥各工人罢工者。至十九号我局曾登报嘱令上工,其时有大部份工人自愿上工,被告等仍以条件未洽,阻止上工。及至二十六号我局又登报劝令各工人复工,而第一被告罗金安指挥第二被告徐念劬[旭]、第三被告马文生把守前门,第四被告马[冯]根全复阻电话,不许我等动用,第六被告黄福海、第七被告王怀仁把守后门,不准我等进出,被其软禁在内。惟第五被告吴占椿与第八被告沈天有已经两被告之家属托人恳商,情愿改过自新。为此亦不欲进行,请求撤回告诉,着两被告具结开释。其余六被告在均系在场煽惑各工人取一致罢工者,当被禁闭,幸为邻右知悉,代报捕房,立派中西探将被告等拘获,我等遂得自由。"质之罗金安供称:"绍兴人,在大东书局为排字,将届一年,并兼充该书局组织之工会执行委员。上月十二号因工人与工头冲突,为工头将机器间关闭,故不能工作。适逢工会前次提出之条件与局方尚未妥协,当由众工人举我为代表,向经理李子贤要求容纳。缘一半已由工统会调解,其余一半因李经理不允。其时我无能为力,遂向各工人说明并劝彼等不可暴动,静候解决。至十九号该局登报上工,我等恐后被开除,请市党部代表调解未妥,故未上工。及至廿六号该局又登报嘱令照常上工,我答复请市党部代表唐泉调和。讵我等之名均被该书局开除,不许入内工作,故我等情急,要求复工有之,并未暴动,并延律师代辩。"经梁推事得供,向其余被告质讯之下,谕令本案改期讯理。

原载《时报》(1928-01-01)

大东书局工人复工

临时法院判决无罪

大东书局工人，在去年十二月为条件不妥，被厂方无故开除工友九人，并停止排字、机器、浇字三部工作，有五十余工友不能进厂，造成罢工形势。市党部得悉大东书局及大东书局工会报告后，即派员调解。经几次之调度，厂方允工友于是月廿六日复工后，再议其他条件。但是日上工时，厂方即报告捕房，将开除之工友九人捕去八人，押解上海租界临时法院，已审讯二次。昨为第一次复审，市党部特派唐泉出席辩明被捕情形后，经法院判决无罪，一律释放复工。

原载《新闻报》（1928-01-11）

大东书局贺年片之畅销

四马路大东书局新出贺年片举行大赠品，每袋分甲、乙两种。甲种装花草贺片十二张，乙种装人物贺品十六张，各售大洋两角，每袋均附赠品，人人可得头彩，闻购者甚为踊跃。

原载《新闻报》（1928-01-13）

大东书局春季大减价

四马路大东书局出版各书，各界均认为有裨文化。兹际春季开学之时，为优待各界起见，特于阴历二月初一起，至三十日止，举行春季大减价一个月。原售照价七折者，再打八折，不惜成本，极为便宜。

原载《新闻报》（1928-02-21）

大东书局出版之图书杂志《戏剧月刊》*

大东书局出版之图书杂志，内容完善、印刷精良，向为各界所称道。兹因鉴于国人研究戏曲者日益众多，特请刘豁公主编一种大规模之戏曲杂志，名曰《戏剧月刊》，内分剧照、戏谈、伶评、戏曲沿革、歌场掌故、伶界逸闻、名优小史、剧本、乐谱等栏，除请评剧名家数十人担任特约撰述外，并应征各界来稿，每千字酬一元至三元。

原载《金钢钻》（1928-04-05）

大东书局股东年会记

大东书局股份有限公司于昨日下午二时，在牯岭路总厂举行第四届股东年会。股东到者计一千二百五十权，公推王均卿为主席，由经理报告第四届营业账略，并选举董事、监察人。董事当选者汤济沧、董授经、屠心矩、宋文献、沈骏声、王均卿、吕子泉、殷子白、王幼堂、吴砥成、蔡镜卿，监察当选者李兆麟、徐藕卿云。

原载《申报》（1928-06-18）

大东书局股份有限公司印刷所承接各种美术印品

印刷考究　价目低廉

交货迅速　订制精品

上海大东书局印刷所置有各种铅印机、三色版机、彩色石印机、玻璃版机、凹凸版机，请有专门技师承印各种美术印件，一经委托，无不竭诚从事，并可代为撰文绘图，以期尽善尽美。即如本书亦为大东书局所印刷，书中一切撰文绘图及制作铜锌版各项大部份均为大东书局所承办。诸君翻阅一过，当必能满意也。

大东书局最完美之印件为三色版印品及凹凸版印品，而在本书则以限于纸张尚未能展其所长，此种印品上海印刷厂家能印者只有一二家，诸君如有需用，请来一试。

大东书局印刷所

上海牯岭路一百号

电话中央八二一

原载《国货汇编》1928年第10期第21页

出版界消息

大东书局出版吴兴、凌桂青先生主编之《学生文艺丛刊》五卷一集，现已出版。所载诗文小说等，均系国中学子钩心斗角之作，且富有党化色彩。并闻书中附有优待券一纸，凡剪此券入社者，仍照优先期减收社费。

原载《民国日报》（1928-10-20）

大东书局之案头日历

本埠四马路大东书局历年所出版之案头日历，均能独具匠心、雅风超绝，故销数达十五万之多，而犹供不应求。现十八年系案头日历已经出版，其座盘之雅致、印刷之精良、装璜之美丽，较诸往岁尤为进步。每页除印阴阳合璧之日期外，并载星期及二十四节气，并留空白作为每日纪事之用。日历共分国民、常识、爱情、卫生四种，价目均售每组一元云。

原载《申报》（1928-11-24）

大东书局特辟无线电西书部

四马路大东书局近为提倡科学起见，特辟无线电西书一部，专售欧美极有价值之无线电名书，取价极廉。闻一切选择采办，悉由前无线电制造厂工程师某君指导进行，故规模成绩均极有可观也。

原载《申报》（1928-12-01）

大东书局党化书籍廉价

四马路大东书局所出版之党化书籍种类繁多，皆出名人之著作，取价极廉，其内容均关党国前途之计划、全国教育之设施。自发行以来，早蒙多数学界、政界之赞美。现为优待顾客起见，一例均照原价对折发售，如学校光顾尤为克己。

原载《新闻报》（1928-12-05）

大东书局经售文具仪器

四马路大东书局经售各种文具、仪器,如派克、中山、关勒铭、马尔氏、华脱门等自来水笔,以及各种日记簿册、学校用具,无不完备。该局每逢星期日,照向售实价一律再打九折,如蒙惠顾,无不竭诚欢迎。又有代售杭州都锦生厂制造之丝织风景画,如杭州西湖、姑苏虎丘、钱塘江潮等风景,靡不齐全。且织法精巧、岚影波光、历历如绘,仿佛亲临其境,而取价尤廉云。

原载《新闻报》(1928-12-16)

大东书局优待学界

上海四马路大东书局近仿欧美商业上顿并制度,并为优待学界起见,将古今新旧便宜书籍,不顾成本,廉价贱卖,铜元一枚,寄购书籍二本。中有科学书、旧小说、日用书、尺牍文集、名家日记、诗词歌曲、图画杂志等书。昨日为第一日发卖,至下午七时,已将第一批廉书二十万本,完全销罄。今日又有第二批廉书发售,闻售星期杂志、学生字典、《半月》杂志暨一切旧小说、古文读本等书云。

原载《申报》(1928-12-26)

上海特别市市政府令呈报大东书局案办经过*

上海特别市市政府指令第六〇四号

令农工商局

呈为呈报大东书局案办理经过由。

呈悉,此令。

中华民国十七年一月五日
上海特别市市政府印

附原呈

呈为呈复事案奉

钧府训令第二七四号内开为令行事,据大东书局呈为工会不受调解,任情暴动,业将历次煽动罢工最著之工人罗金安等九名请工统会核准开除,沥陈经过情形。正核办间,又据该局呈办工会已由工统会解散改组,一面开工静候调节,惟仍恐罗金安等于煽惑工人、狭制上工之外,实行武力骚扰,请求严加裁制,俾工商两方各安生业各等情。据此,除批示外,合将原呈两件随令发交该局查核办理,务令劳资双方各安生业,并仰将遵办情形具复察夺。原呈仍缴此令等因并发原呈两件。下局奉此查该案,前据该书局一再分呈到局,略同前因。经派员查得该局工会已由工统会解散另组,当将劳资条件、争执部份函送劳资调节会,依法处理并批示该书局。嗣后如再有不安分工人有越轨行动者,可就近报捕制止,并呈报卫戍司令部及职局核办。一面令着该书局工会克日复工,各在案嗣准劳资调节会函复略设该书局工会既经解散,资方已无对等团体,一时不能召集协议,应候该局工会组织成立报到后,再行召集会议秉公调处,以弭纠纷等语,准此,查该书局工会既已解散,在未组成新工会前,劳方已无对等团体与资方协议之可能,故修改待遇条件一层应暂从缓议,奉令前因理合将大东书局劳资争执一案办理经过情形备文呈报,并缴还原呈两件。仰祈钧长鉴核示遵,谨呈
上海特别市市长张。

附缴原呈二件。

农工商局局长潘公展

中华民国十六年十二月三十一日

原载《上海特别市市政府市政公报》1928年第7期第45—47页

1929年

大东书局举行儿童识字运动

本埠四马路大东书局于一月一日起,举行儿童识字运动两个月。在此期内,无论购买何种儿童书籍,一律照码对折,以示优异。而对于学校幼稚园当局往购者,尤为欢迎。闻该局所编各书,俱能迎合儿童心理,故大受顾客奖许,近日门市十分踊跃云。

原载《新闻报》(1929-01-04)

大东书局儿童识字运动

本埠四马路大东书局,近因出版儿童书籍已达一百余种,于是举行儿童识字运动。将大规模的儿童书出以供世,对折发售,期使沪上有智识之家庭、良好之幼稚园,皆采办供作儿童课本,或作儿童平日阅看之书。按该局儿童书,编制新颖、文字浅明、图画精美、印刷良佳,儿童得之,无不欢迎。且书中所述,为将来成人立业之根基,旨能导儿童入光明之书,而收养正之效。

原载《新闻报》(1929-01-14)

大东书局案头日历出世

本埠四马路大东书局近除举行儿童识字运动、廉售儿童书籍外,对于贺年片、日历,亦价额轻廉,大批发售。现在案头日历第六版又已出世,惟仅系常识日历,且为数不多。各界如有需求是项日历者,须及早购买。

原载《新闻报》(1929-01-18)

大东书局特辟新文艺小说部

四马路大东书局近为提倡新文艺起见,特辟一新文艺小说部,经售各处新书店之出品。现在陈列者,已有新宇宙书店、金屋书店、芳草书店、人间书店、厦门国际书店等之各种出品。不久又将有北新书店、创造社、第一线书店、乐群书店、春潮书店、泰东书局、新月书局、亚东书局、春野书店、江湾出版合作社、晓山书店、大江书店、现代书局、光华书局、间明书店、落店书店、嘤嘤书店、晨曦书店、浪漫书叶等之出版物云。

原载《新闻报》(1929-01-23)

大东书局贺年片大赠品

四马路大东书局所出之贺年片夙擅美誉。自今年起,又力图创造,故式样之新颖、印刷之鲜丽、词句之精炼、格局之大方,更与往年不同。间有参以党化者,尤为新社会各界所乐用。兹闻该局为鼓励顾客兴趣起见,特举行大赠品,以资优待。以十二张为一包,每包附赠品券一纸,仅售大洋二角。券分六等,有大挂钟、毛葛褂料、台灯、皮帽、热水瓶等贵重赠品,且包包有赠,故极为顾客所乐购云。

原载《新闻报》(1929-01-26)

大东书局学校用品大贱卖

四马路大东书局发售学校用品,向以价廉物美著名沪滨。兹又运到美国派自来水笔、德国铅笔橡皮、瑞典洋纸等物,皆以极廉之价发售,务使主顾便宜。至于其他信封、信纸、练习簿、拍纸簿、习字簿、作文簿,皆自己制作,依其成本发卖,尤能使顾客满意称心云。

原载《新闻报》(1929-02-17)

大东书局儿童识字运动

四马路大东书局近出版儿童书数十种,其中著名者有《儿童智识宝库》《新儿童》等,皆极有价值,颇饶兴趣。兹该局举行儿童识字运动,将儿童书对折发售,廉价二月,提倡儿童教育云。

原载《新闻报》(1929-02-19)

大东书局搜罗大批医书发售

本埠四马路大东书局近为提倡医学卫生起见,除发行该局出版之医书三十种外,又搜罗得丁福保医学书局全批书籍、广学书局大批卫生教育书、中华护士会看护教科书、褚民谊医药评论社、夏慎初诊疗医报社、杭州广济医刊社、杭州济生产科医院、中华拒毒月刊社、上海医师公会一切月刊汇刊。该局又搜罗各地名医著作,如曹炳章《伪药条辨》、何廉臣《感症宝筏》、谢利恒《家用良方》、陆士谔《丸散自制法》、丁甘仁《医案汇编》,皆名贵作品。

原载《新闻报》(1929-02-21)

大东书局贱售练习簿

四马路大东书局自运瑞典纸,自制大批学校练习簿,以极低之价发售,对于学校批发,尤为克己。该书局文具部主任,专业文具已十七载,对于一切文具皆精究深考,故所备各货,价额较他家为廉,而品质亦为上乘云。

原载《新闻报》(1929-02-26)

出版界消息

大东书局《戏剧月刊》主任刘豁公君,与名花衫尚小云感情素洽。兹值小云登台伊始,刘君特就该刊为尚出一专号,除请小云充分供给剧本戏照外,并拟广征各界关于尚郎之著作。但以四日为期,过期即恐不及排入云。

原载《申报》(1929-03-16)

大东书局举行竞卖

四马路大东书局举行夺奖大竞卖,其例凡购该书局本版出品,满洋五角,赠送书券一角五分;外版出品,满洋一元,赠送书券一角五分。此种书券,列有号码。至阳历五月一日,开奖发标,头奖五十张,每张领该局书籍五十元云。

原载《新闻报》(1929-03-20)

大东书局出售无线电学

四马路大东书局向有无线电书籍一部,专销中西无线电书,并经售《无线电公约》《无线电新报》《无线电月报》等杂志,颇负盛誉。近该局发行美国麻省理工大学电机硕士倪尚达著《无线电学一切理论一切实验》,并附图画表格极多,为研究无线电者不可不阅之书,实价每部大洋两元,现存书无多。

原载《新闻报》(1929-03-22)

竞卖声中之大东书局

本埠四马路大东书局自举行夺奖大竞卖以来,社会人士赶之如鹜,良以该局书籍文具之价目,既大廉特廉,而购满五角者,复有巨奖可得。故门庭若市,踊跃非常。闻该局以销数最广者,为新出版之《水浒索隐》,内容诡奇,与现时代社会政治隐隐射照,故颇受各界欢迎。其次如《曼殊遗集》,及各种定期刊物,连日亦定购不少云。

原载《新闻报》(1929-03-29)

大东书局股份有限公司召集第五届股东年会通告

径启者,兹经本董事会决议,本公司定于五月十九日(即阴历四月十一日,星期日)下午二时,在上海牯岭路本公司总厂开第五届股东年会,报告收支账略、营业状况,选举董事、监察人。除专函奉达外,特再登报公告,再自通告日起至开会时止,在此期内照章停止股票过户,合并声明。

大东书局股份有限公司董事会谨启

原载《申报》(1929-04-19)

大东书局纪念苏曼殊

昨日(二日)为苏曼殊先生逝世纪念日,本埠四马路大东书局范凤源君,特邀约海上文艺界同志,在四马路时报馆旧址宝塔之下,敬备香花清酒,祭祀先生。并决定五月二日起一星期在大东书局举行曼殊先生逝世纪念,在此期内,凡向该局购置《曼殊遗集》者,另赠教育部全国美术展览会出品画片一张云。

原载《新闻报》(1929-05-03)

大东书局寄售便宜中山呢

四马路大东书局寄售国货中山呢一种,价额极廉,每尺仅售一角五分,而质料坚固,非常耐用,颜色悦目,极合家庭妇孺制作衣裤之用,并亦适宜于男子制作长衫、洋装之衣料。

原载《新闻报》(1929-05-13)

大东书局第五届股东年会纪

大东书局股份有限公司昨日下午二时,在牯岭路总厂开第五届股东年会。到会股东一千四百二十一权,由总经理报告去年营业情形,并选举董事、监察人,至五时许始行散会云。

原载《申报》(1929-05-20)

大东书局出版新书

四马路大东书局最近出版新书多种,有汉钟译之《苏联的经济组织》,冯瘦菊编之《十九世纪俄罗斯文学家的传略和著作思想》，周瘦鹃编之《曼殊遗集》及《我们的情侣》，社会局编之《社会月刊》，吕仁一编之《英文情诗》，奚识之编之《英文情书》，邓狂言编之《水浒索隐》，何廉臣编之《名医验案类编》，倪尚达著之《无线电学》。此外尚未装订定工者有彭家煌之《平淡的事》，陈白尘之《风雨之夜》，陈明中之《秦淮河畔》，陆鸿勋译托尔斯泰著之《我的一生》等。

原载《新闻报》（1929-05-29）

大东书局迁移原因*

大东书局之创办期早于世界书局，两书局之营业部同在四马路，且系贴邻。然各有其营业方针，素不相涉。刻闻世界方面，以扩充营业计，以二十八万两之代价，将东至望平街，西至大东书局之地皮购进，预备翻造。大东方面，遂不得不另找相当地址，闻至迟明年五月即须出屋云。（绿）

原载《福尔摩斯》（1929-11-14）

大东书局新出军事学书

本埠四马路大东书局近编《国民军事学》《国防与物资》两书，业经训练总监部审定，特许全国中以上学校采为军事学之必修教本。该书内容系依照欧战后最新之世界军事学而编，一叙军事之大要，与夫作战方略、作战实践、阵地变化等；一叙国防与物资之开［关］联，举凡煤铁、粮食、工艺、机械等，各个均有分析［析］之细述。闻《国民军事学》每部售洋一元二角，《国防与物资》每部售洋一元五角，邮费一律八分半。

原载《申报》（1929-12-19）

致上海大东书局函

（第二一九六号）

径启者，案准铁道部第九八九号咨称，查印花税票前，经本部核准比照铁路运送公用物料收费办法第二项,按七五折核收运费业。经分别咨请查照,并令行各路局遵照在案,兹迭准贵部咨以印花税票为正宗国税,究与公用物料不同。请援照宁杭各造币厂运送生银银币成例按六折核收运费等,由到部查印花税票,关系国用,兹特再予过融,准予援照宁杭各造币厂运送生银银币例按六折核收运费,以资协助,除令行各路局遵照办理外,相应咨复查照等,因准此相应录案,函达即希查照办理。此致
大东书局

财政部启

九月　日

原载《财政日刊》1929年第569期第7页

1930年

大东书局总厂(总务处)(编译处)(印刷所)(书栈)迁移通告

本局总厂因旧址不敷应用,现已迁至北福建路二号大厦(文监师路北海宁路南),如承各界赐顾或通函,务请移玉或直寄新址为要。专此通告,即希通鉴。

上海大东书局股份有限公司敬启
电话四六一三一八号
原载《申报》(1930-06-06)

大东书局股东会纪

大东书局股份有限公司,于六月八号在北福建路二号总厂新址,开第六届股东年会。到会股东一千三百三十九权,公推董授经为临时主席,由经理沈骏声报告上年营业状况,监察李兆麟报告账略,继议决分派盈余各案,选举董事监察,六时散会。

原载《申报》(1930-06-09)

大东书局之扩充计划

水 火

上海为全国文化荟萃之区,出版事业尤其繁盛,故新书店与印刷所均多如星罗棋布也。书业中资格最老与资本雄厚者,吾人均知为商务,次为中华,然斯二者,墨守成法,不能适合青年心理,加之定价过昂,令人却步。于是各小书店乃如雨后春笋,蓬勃而兴,如世界、北新、新月等,大有代商务、中华而起之概,而大东于是时,亦有扩充之计划焉。据大东主人语人云,最近已添招股本三十万元,并聘请孟寿椿君为总编辑,搜罗海内外名贵著作,出版中小学教科书及社会科学等书籍。按孟君学问湛深,经验宏富,编辑一职,自能胜任。该局并拟另出《现代学生》杂志一种,月出一次,形式悉如商务之《学生杂志》,但内容则有过之无不及,预计出版以后,必能风行全国,裨益青年也。闻该杂志编者,则拟聘请常乃德(大夏大学教授)、刘大杰(名小说家)等担任云。

原载《克雷斯》(1930-08-12)

大东书局设分局

上海大东书局创立十余年,所出各种书籍,有益于智识界不浅,近年添出学校教科书,发行尤广。该公司以本京为首都所在,推广营业,有添设分公司之必要,闻已择花牌楼太平街五十号地址,定本月五日开幕云。

原载《中央日报》(1930-09-04)

大东书局发行《戏剧月刊》"特大号"

大东书局发行刘豁公主编之《戏剧月刊》第三卷第一期,为特刊特大号,已于日昨出版。封面为三色版蓉丽娟剧照,铜图有老谭二十年前之剧照《定军山》,摄此照所着之靠,现存日本东京帝国博物馆,照用两色版印刷,十分名贵。外此又有今春北平名伶春宴摄影,以及章遏云、杜丽云、马艳云等之剧照。文字有《脸谱论释》,附列现行之曹操捉放脸谱六种,以作比较;陈彦衡老谭真本《宝莲灯》剧词,附有陈氏手注工尺锣鼓,尤推珠联璧合。此外则如苏少卿之《〈探母〉之研究》,马连良之《十道本》剧词全本,《纪富连成科班全班童伶》等,俱有价值之作品,全书共三百余面,一大厚册,另售六角,预定不加。(蝶)

原载《铁报》(1930-10-19)

现代学生界之新发见

大东书局发行之《现代学生》

《现代学生》编辑刘大杰、明耀五、周邦式、常乃德均系学界名士,其第一期创刊号，已于十月一日发行，内容丰美、编辑新奇、取价低廉，将来对于学生供献之宏伟，当可预卜也。论文有蔡元培之《怎样才配称做现代学生》，对于现代学生之病态与疗治，均有极深刻之说述；安世之《现代学生与国民外交》，将现代学生对老弱中国之外交应注意之理由与方法均明白披露；文艺创作有胡适之之《健儿歌》，此歌系为远东运动会中国选手所作，已有赵元任作谱歌词之，勇壮伟大，直能使花者耀起，病者立愈；并有沈从文之《一个女剧员的生活》，刘大杰之《现代英国文艺思想概观》，从文之《我们怎样去读新诗》，余如徐志摩之Darling，芥川龙之介之《猴子》，鲍明强之《萧邦底前奏曲》，范凤源之《无线电之新发展》，明耀五之《美国的夏令学校》，曹寿昌之《美国大学教育的新趋势》，均为极有价值之作品。现闻第二期亦有胡适、徐之[志]摩、沈从文、赵群深、胡也频、陈之佛、张资平、余楠秋、汪翰章诸名家作品。

原载《申报》(1930-10-19)

大东书局案头日历出版

大东书局之案头日历，向著盛名，每年销行，数在十五万只以上。兹该局明年新历，业已出全，共有国民日历、常识日历、爱情日历、卫生日历、快活日历五种，俱用钢钟制座盘，价目仍照曩年售价，连座一元，不连座五角，并不增加。其快活日历一种，并闻为今年所新增，案头置备一具，可使人笑口常开，有裨健康，实非浅鲜；又闻该局尚有银行日历一种，其座盘式样，又别翻新式，专供银行界应用，凡银行界俱可前往预定，惟出版期则须在二十号左右云。

原载《新闻报》(1930-12-06)

变

瘦鹃

大东书局出版《紫罗兰》

摇身变为《新家庭》杂志

瘦鹃主干之《紫罗兰》半月刊，自第五卷起，改组为《新家庭》杂志。根据现代的思潮和社会的需要，对于家庭方面作切实的贡献，"材料"专以家庭为对象，如家庭工艺、家庭园艺、家庭常识、家庭歌曲、儿童俱乐部、妇女新装束、家庭新布置、家庭新食谱、家庭滑稽画、家庭医顾药问栏[家庭医药顾问栏]、家庭杂事顾问栏等。逐期刊载有价值的家庭小说和现代名画，选辑务求清新有趣，深合读者心理。"编制"略仿美国 *Ladies Journal*、*Womans Home Companion* 和 *Good House Keeping*，英国 *The Home Magazine* 和 *Modern home* 等体例。而参照最近中国出版界的趋势，使整个活泼泼地显露美妙的精神，全中国已婚男女要改革家庭和组织家庭的，一读本书，自然获益不浅。月出一册，每册四角，夺标预定，全年四元，邮费在内。第一标，特赠先施公司出品奶油漆房间木器全套，小标有铜床、写字台等。希望极大，预定处上海四马路及各省大东书局，夺标详细办法，函索即寄。

原载《市民日报》（1930-12-08）

1931年

章衣萍任大东书局编辑

因《情书一束》而震动文坛的章衣萍，近应大东书局之聘，担任国文部编辑，暇为光华书局撰《应用文讲话》并作小说《小夫妻》云。

原载《读书月刊》1931年第2卷第2期第230页

大东书局之新发行所

大东书局总发行所，因原址不敷应用，已在四马路望平街口，觅定四开间三层楼新铺位。连日纠工改建门面，布置内部，日以继夜，大约在月内即可迁移新址营业矣。闻新铺位一切建筑设计，俱由陈永兴营造厂承办，该厂主富于美术思想。故门面之富丽遢呈，装修之精美华贵，在四马路实可推首选云。

原载《申报》(1931-01-11)

《新家庭》创刊号出版

大东书局发行瘦鹃主干之《新家庭》杂志，创刊号已于日昨出版，书为十八开大本，纯用四号字排印，卷首有三色版。《紫罗兰村》系蔡元培夫人周养浩女士寓德国汉堡时所作，其余铜锌版插图凡二十一幅，文字则有天虚我生、潘文安、程小青、丁惠康、张恨水、徐卓呆诸先生之作品，亚森罗苹最新奇案《碧眼女郎》亦在本志中刊载。全书约三百面，另售大洋六角。因第一标奶油色房间木器尚未定出，现在仍继续发售夺标预定，以下月份万国储蓄会第一特奖号码为得标。全年只收四元，邮费在内云。(闲)

原载《小日报》(1931-01-25)

大东书局创办法律函授社

大东书局开办多年，所出各种刊物颇得社会欢迎。最近该局鉴于公私法令次第颁布，法院逐渐添设，需才孔亟，又以考试院于十九年十二月二十七日公布之《高等考试司法官律师考试条例》，其中规定资格"除大学法科而外，凡有大学或专科学校法律政治学科毕业之同等学力、经检定考试及格者，得应其考试"。为普遍灌输法律知识，速成法学人才，以应亟需起见，特创设法律函授学社，闻已敦聘法学名家汪翰章（现充国立暨南大学教授、暨大法律丛书编辑主任）为社长，董康（前司法总长）、戴修瓒（前北京大学法律系主任兼教授，现充暨南大学、东吴大学教授兼上海法学院法律系主任及中国公学教务长）、石颖（国立暨南大学法律系主任兼教授、美国耶鲁大学法学博士）、郭卫（江南学院院长）、梅鹤章（前大理院推事）、张志让（前大理院推事）诸人分任教授。现正着手筹备一切。定五月一日开始招生。

原载《新闻报》（1931-03-08）

大东书局新屋

美化的　扩大的　明天开张

大东书局上海总店向在四马路一百十号，近因营业发展，原址湫隘，不敷应用，当觅定四马路望平街口九十九号，前时报馆三层楼五开间大厦一所，于去年年底雇工改造，历时凡四阅月，业于今日宣告完成，富丽堂皇，得未曾有，在四马路一带，允可推为第一。其内部装修，亦极合现代美化，并特别扩充文具部，兼售各种运动用品、照相器械，定刻象牙玉石图章，现已定于明日开始营业。

原载《时报》（1931-03-20）

大东书局总店开幕廉价

赠送安徽银行储蓄证

大东书局四马路总店,自迁移望平街口新址后,营业甚为发达。兹已定于今日正式开幕,同时举行十五周纪念,廉价赠品三十五天。除切实廉价外,购书满洋三角,即有赠品;如购满一元,可得刻就名字之象牙图章一颗;如购满五元,可得安徽银行储蓄证五元,多少均以此类推。此外预定杂志,免收邮费,加送赠品。法律函授学社,报名入学,学费九折。在在均为顾客减轻担负,诚出版界之盛举也。

原载《新闻报》(1931-04-27)

大东书局股东年会

五月卅一日午后二时,上海大东书局股份有限公司召集股东年会,于北福建路二号该公司总厂。到会股东一千六百七十二权,公推董康君为临时主席,开会如仪。经理沈骏声君报告营业状况,监察李兆麟君报告账略毕,次议分派十九年盈利及扩充股额案。通过后,旋选举董事监察人,茶点散会,时已五时二十分云。

原载《申报》(1931-06-01)

大东书局十五周纪念

大东书局自民五创办以来,业经十有五周,爰于八月一日至九月卅日,举行十五周纪念两个月。凡购书满一元者,赠实洋书券二角,购文具满洋一元者,赠实洋书券一角。外此,又有纪念日记及十五周纪念册之赠送,全国分局特约同时举行者共十八处。自一日实行以后,购者云集,应接不暇。如已经审定之初中教本及各项社会科学书、国术书、图画书等,每日销售,数量均甚巨。而六大杂志之预定者,亦非常拥挤。又该局所印赠之十五周纪念册,印刷精美、内容充实,得者爱不忍释。

原载《民国日报》(1931-08-10)

《指海》

由大东书局印售《指海》一书,为金山钱氏所辑,上溯周秦,下及明清,四千年文物之结晶,莫不粲然俱备,而尤以二十集足本为最罕贵,其中秘籍极多,为《四库》所未收,图书馆所仅备,原本值价三万金,今由大东书局转辗觅得,付之影印,以供同好,全书一百六十册,连史纸印,定价一百六十元,预约一次付一百元,分三次付,每次卅六元,邮费外加,印有样本,备人索阅。闻在该局纪念期内预定者,并加赠实洋书券,每元一角,即一百元赠十元云。

原载《中央日报》(1931-08-26)

大东书局昨日罢工

伧　夫

大东书局,日昨(十六日)忽发生罢工风潮,记者闻讯,即走访当局。据称,该书局之此次酿成罢工,原因甚多。盖以该局主持者为防患未然计,对于所雇工人均依照工厂法,订有有期条件。倘工人中品性端正者,则于期满后,可续订契约,反之则至期而解雇。故此等工人之在该局服务,大都有五日京兆之心。故自出版业工会令其着手组织大东事务所以来,该局工人立即积极进行。按,现在出版业工会所属五事务所,以该局事务所工人之奋斗性最为激烈,良由该局主持者有以造成之也。溯自该局事务所成立后,大东书局本已与劳工谈妥,承认工会,惟后以资方对某方之暗助,忽而诿称"工会之成立,本不成问题,然本局适在招股时期,如成立工会,则本欲投资者,或即因此惧不加入,恐受影响,望于明年再行谈判、决不食言"等语。工人等以事属实情,亦予赞同。至事务所经费,则先请规定大东资方按月担任六十元。所有工会条件,决于明年继续谈判。讵该局资方先则声称不签字亦可照办,然工人等以无凭可据,相商结果于上星期四履行签字。不意经理忽于是日托言赴镇江有所接洽,竟以一走了事。迄前日竟为工人侦悉,知经理实仍在沪渎,于是莫不愤恨。集议结果,决以昨日起,实行罢工。事为出版业工会所悉,立将经过情形,呈请市党部核办。闻市党部方面,已令出版业工会会衔,令工人一律复工云。

原载《福尔摩斯》(1931-11-17)

大东书局全体职工罢工

党政劝告劳资协调

大东书局总公司全体职工,因向公司提出之改善待遇条件再四要求协议,而公司始终无诚意按[接]受,因之激动全体职工之公愤,于昨日起一律实行罢工,以促公司觉悟。

市党部社会局以值此国难方殷,凡我国人,应同心协力,静候政府措置。当经布告劳资双方速谋协调,严为防止罢工或怠工等事。自得大东书局报告后,当即派员前往澈查真相,同时并设法劝导复工,静候党政机关处置。闻因罢工工人各自散去,无从召集解释。

原载《民国日报》(1931-11-17)

大东书局工人昨日罢工

党政机关派员制止

本市大东书局总公司全体工人,因向公司提出改善待遇条件,鉴于公司无诚意接受,于昨日起,一律相率罢工。市党部社会局当即派员设法制止。兹将各项情形,分志如下:

罢工布告　上海市出版业工会分事务所罢工委员会,昨晨布告云:为布告事,兹因资方无诚意接受条件,全体会员已处于忍难再忍之地位,现已全体议决,于本日起实行罢工,以促资方之觉悟,而争最后之胜利。凡属会员,自当一致行动,至于尚未入会之职工,亦希表示同情,在罢工期内,自动停止工作。至盼至要,恐未周知,特此布告。总公司铅印、彩印、排字、铸字等部全体工人,于昨日上午十时,一律相率罢工,以促公司觉悟。惟钞票部工人,暨发行所全体职工,并未加入。

资方呈报　大东书局,以工人提出改良待遇条件,事关重要,特于前日开董事会议,讨论办法,以便答复。自今晨罢工后,当即亲赴市党部报告经过,并请求予以制止,而维实业,由常务委员陶百川接见,允即会同社会党局澈查真相。同时并派郭鸿蛰等赴市社会局报告经过,请求惩办,由该局科员接见,允即设法制止。

党政制止　市党部社会局,以值此国难方殷,凡我国人,应同心协力,静候政府措置。当经布告劳资双方速谋协调,严为防止罢工怠工等事。自得大东书局报告后,当即派员前往澈查真相,同时并设法劝导复工,静候党政机关处置。间因罢工工人各自散去,无从召集解释。

原载《新闻报》(1931-11-17)

大东书局职工提先决条件,党政机关调处无结果

本市大东书局总公司一部职工罢工后,昨日市党部、市社会局会衔布告,限文到日立即复工,静候调处。同时市社会局又调令出版业工会,负责劝导各工人立即恢复原状,静候查办。出版业工会自奉市党部、社会局调令,当即训令大东书局分事务所遵照办理。全体职工因公司太无诚意,不愿复工,并提出先决条件:㈠大东书局承认大东书局分事务所;㈡津贴分事务所事业费每月洋六十元;㈢待遇条件,即日诚意协商。市党部派何元明,社会局派王冰,昨日下午一时会同前往设法调处,闻因劳资双方意见分歧,以致未有解决办法。

原载《时报》(1931-11-18)

大东书局罢工,党政机关制止

同时派员进行调处
职工提出先决条件

本市大东书局总公司职工,为公司无诚意接受待遇条件罢工后,昨日党政

机关会衔布告制止,并派员设法调处,职工提出先决条件。兹得各项情形,分志如下:

会衔制止　中国国民党上海特别市执行委员会、上海市社会局会衔布告第四五号,为会衔布告事。案据大东书局经理沈骏声呈称,为本书局工人,突于本月十六日上午擅行罢工,并组织罢工委员会主持其事,违犯法令,妨害营业,恳请严予制裁等情。据此,查际此国难期难,劳资双方,均应相忍为国,不准发生纠纷。早经本会通告各工商团体,并会同市政府会衔布告全市各界,一体遵照在案。该大东书局工人当此时严重之秋,擅行罢工,显系藐视法令,危碍治安,殊属非是。据报前情,除由本会严令出版业工会令转饬复工外,合亟会衔布告该书局工人切实遵照,限文到日立即复工,静候本会局依法调处,毋得违抗。致干未便,切切此布。常务委员潘公展、吴开先、陶百川,局长潘公展,中华民国二十年十一月十七日。

党政训令　市社会局昨训令出版业工会令,为令遵事,查当兹国难时间,劳资双方应得协调,曾经三令五申,诰戒有案(中略)。此次该书局工人突然罢工,事前既未具呈来局,事后亦未呈报,显属故意违反政令,扰害治安。据呈前情,除会同市党部布告外,合亟令仰该工会遵照,即令负责劝导各工人立即恢复原状,静候查明核办,毋许瞻徇。致干未便,切切此令。市党部昨亦调令出版业工会,与上略同。

先决条件　出版业工会自奉市党部、社会局训令,负责劝导工人即日复工后,当即训令大东书局分事务所遵照办理。全体职工因公司太无诚意,颇为震怒,不愿复工,并提出先决条件:一、大东书局承认大东书局分事务所;二、津贴分事务所事业费每月洋六十元;三、待遇条件即日诚意协商,如不达到目的,誓不复工。

设法调处　市党部派何元明,社会局派王冰,于昨日下午二时会同前往设法调处。先赴出版业工会与理事王永良联洽,继即赴大东书局与经理沈骏声协商,对于工人提出之先决条件详加讨论。闻因劳资双方意见各歧,以致未有解决办法。

罢工委员　大东书局罢工委员会昨开第一次罢工委员会,当经决议在罢工期内各会员均须严守下列之纪律:(一)绝对服从罢工委员命令;(二)罢工期内不得向资方私人接洽；（三）罢工期内须严守秩序不得有规外行动，并不得私进公司；（四）凡破坏罢工者一律以工贼论，并发表罢工宣言，由宣传股起草，同时出版捷报刊物。又商务、世界、中华、民智等书局分事务所昨日下午二时开会议论援助事宜。

  局方来函 敬启者，阅今日贵报本埠新闻栏载大东书局全体职工罢工新闻一则，与事实不符。查昨日本局少数职工罢工，仅印刷所铅印、彩印、排字三部分，其余四马路总店及总厂、印刷所、营业部仍照常营业，总务处、编译所及有价证券印制部亦照常工作，并未全体罢工。即乞赐予更正是荷，此致《民国日报》。大东书局谨启，十一月十七日。

原载《民国日报》（1931-11-18）

来　　函

  敬启者，阅今日贵报本埠新闻栏，载大东书局职工罢工新闻一则，并谓已提出先决条件等云，查与事实不符。本会并未提出先决条件，贵报所谓之先决条件，系未罢工前工会事务所与公司要求最后退让之条件。而当时公司仍不能体谅，始终无接受诚意，因此激动全体职工之公愤，一律相率罢工。计此次罢工者有印刷所铅印部、彩印部、铸字部、中西文排字部、照相制版部、有价证券凸版部、铜模部等全体工友，总务处出版部、推广部、分局事务部、会计部、货栈部、校对部及编辑部等已入会职员。现仍在公司工作者只有一小部分未入会之职员而已。即乞赐予更正为荷，此致申报馆。出版业工会大东书局分事务所启，十一月十八日。

原载《申报》（1931-11-19）

大东书局职工坚持继续罢工

被捕工人今日宣判
工会昨开全体会议

  本市大东书局总公司全体职工罢工后，党政机关曾一再布告，限三日内复

工,逾期作自愿解雇论。昨为第二日,职工仍坚持继续罢工,被捕工人定今日宣判,工会复开会讨论。兹将各项情形分志如下:

继续罢工 全体职工因公司无诚意接受条件,并用压迫手段继续不断向职工进攻,故颇为愤慨,坚持继续罢工,不达到目的,誓不复工。又前日为捕房误捕之铅印部工人徐沁农,昨日上午九时,特区地方法院审问,分事务所当延律师辩护,定今日上午九时宣判。

工会会议 出版业工会,于昨日下午三时,开全体理监事联席会议,对于大东罢工案讨论甚详。又所属之商务、中华、世界、民智四分事务所,昨日下午二时,假座商务编辑所办事处开联席会议,讨论援助大东办法。当经议决:(一)连名发表宣言,警告该局资方;(二)联合赴党政机关请愿,请主持公道;(三)援助罢工职工之生活用。

争议要点 此次罢工,劳资双方争议要点为职工条件,共计十六条。兹摘要如下:第二条加薪,(甲)职工每月薪,最低标准为二十四元,未满念四元者加十元(如后犹未满该数者,则须补足念四元),念四元至三十元者加九元,三十一元至三十五元者加八元,三十元至四十元者加七元,四十一元至五十元者加六元,五十元以上一律加五元;(乙)学徒学生初进公司第一年者月薪十五元,第二年者十七元,三年满后,作普通职工论;(丙)每年之终加薪,应以上海总公司全体职工总平均月薪额,依生活物价增进率,为每人普加工资之标准,如遇不足整数之奇另数时,则以凑足元数为单位(例如公司全体职工总平均月薪额为三十元,十九年生活价指数假定为一○○分,二十年增至二○分,则二十一年一月份起,每人每月得普加工资三元,余类推)。第十条米贴,凡米价每石在十四元以上至十八元者,公司应津贴每人二元之米贴;以后如米价续涨至二十二元,则津贴四元,余类推。此项条件,工人方面亦有让步之可望,只希望公司能诚意协商云。

原载《民国日报》(1931-11-21)

大东书局工人昨日仍未复工

被捕工人法院已判罚释放

公司方面将另招新工

四事务所为援助宣言

本市大东书局总公司全体职工罢工后,党政机关曾会衔布告限令三日内复工,逾期作自愿解雇论,准公司另雇新工补充。昨为第三日,职工因待遇条件仍未解决,坚持不允复工。被捕工人徐心农,昨日特区地方法院已宣判,罚洋念元释放。闻公司为工人抗不遵令复工,拟另雇新工工作。

商务、中华、世界、民智四事务所为援助大东书局工友罢工宣言云:全上海的印刷工友们,处在国外帝国主义以及国内资本家重重压迫之下的我们,终日劳碌,无以温饱,兼之连年来兵匪灾疫,纷至沓来,我们工人的生活,痛苦到无以复加,而伤[丧]心病狂的资本家更大施其趁火打劫的私欲,乘机加紧向工人榨取,延长工作时间,减少工资,以及开除工人等种种压迫手段,无所不用其极。因此,我们工人要想维持最低限度的生活,也不可能了。所以改善生活,实为我全国工人的急切需要。大东书局的工友,为维持生活计,向资方要求改善待遇的条件,事已数月。讵大东书局的资本家,始以敷衍,继而推诿,今则竟敢公然拒绝,并威逼工人领袖离厂,更扬言将大批开除工友,不顾三百余工友之死活,实行其摧残工运之故技。大东工友,迫不得已,而采取罢工手段,对付资方。这实为大东工友应当采取的手段,同时也是我们全上海印刷工友急须援助的事情了。现在罢工已有六天了,大东资方尚顽强如故,毫无诚意解决条件,犹敢以金钱势力逮捕工友,捏造事实,张贴布告,遍登各报,以淆乱各界视听,阴谋破坏工友团结,剥夺工友应得之利益。因此我四事务所全体工友,处在阶级相同、利害相共的地位,实有积极起来援助之必要。我们当以六千余工友一致团结的力量,来和大东资本家奋斗。全上海的印刷工友们,我们应当知道,大东工友为改善生活而作光荣坚苦的奋斗,无异为我们全体印刷工友争解放而斗争,他是我们印刷工友解放运动的先声,成功与失败关系印刷工人生活前途至为重大。我们不应该任其孤军独战,应全体起来援助,输金救济,宣传号召,均为我每一个印刷工友的任务。我们四事务所工友当以最大的努力来援助大东工友达到最后的胜利,希望全上海的印刷工友继续,我们起来为大东工友作后盾。全上海的印刷工友快起来援助大东罢工工友,同时尤望全上海的印刷工友在大东条件未解决之前,不要受资方的雇用,一致反对大东资方的凶恶手段,以经济宣传等实际方法来援助大东工友,以工友的团结力量来争取条件的胜利解决,全上海印刷工友团结起来和大东资本家奋斗!

原载《民国日报》(1931-11-22)

大东书局职工提出先决条件

公司登报另招新工补充

本市大东书局总公司全体职工罢工后,因公司仍无诚意谈判条件,迄今仍在继续罢工中。而公司方面,因工人抗不复工,特于今日登报,另招新工补充。兹将各项详情,分志于下:

全体会议 大东书局全体职工,于昨日举行各部会员大会,讨论对付办法,当场决议提出先决条件十条,不达目的,誓不复工。出版业工会定今日上午九时,在福生路大庆里工会内开理监事联席会议,讨论办法。

联名警告 上海出版业工会商务、中华、世界、民智等四书局分事务所,联名致大东书局经理沈骏声函云:径启者,贵局工友,为改善待遇,前曾向台端提出条件,以冀维持最低生活。乃数月以来,台端始则敷衍,继而拒绝,竟置工友生活于不顾,并施种种酷辣手段,威逼工友领袖离厂,实行摧残工运。贵局工友迫不得已,乃有罢工之举,故此次酿成工潮,贵局实有以促成者也。窃自罢工以来,已有六日之久,贵局不特无解决条件之诚意,且敢以金钱势力逮捕工友,捏造事实,张贴布告,遍登各报,混淆视听,破坏工友团结,手段毒辣,无以复加。本事务所处于利害相共地位,誓当率领六千工友,切实援助,务望即日推派负责代表,开诚谈判条件,万勿再事迁延时日。用特专函警告,即希亮察为幸,此致大东书局经理先生台鉴。

工会宣言 市出版业工会为大东书局职工罢工宣言云:(衔略)本会所属大东书局全体会员,于本年八月间入会,当时拟同时正式成立出版业工会大东书局事务所,旋以资方要求劳方顾全该局招股前途,工会事务所在名义上暂缓成立，实际上可先行协商改善待遇条件，并函约出版业工会于十月十九日下午开始协议。届时资方推沈骏声、骆无涯、徐志仁、凌桂青、郭鸿飞等五人为代表，工会推杨有壬、王永良、周志澄、后大椿等四人为代表，事务所推杨鸣秋、于学康、石雪清等三人为代表出席协议。第一条，双方互让，颇为接近，当经议定，公司应承认"上海市出版业工会有代表大东事务所全体会员之权，并按月补助该事务所事业费大洋六十元"。余因时晚，约定翌日续商，讵知至第二日资方忽变初衷，突然宣布不再协议，不顾信谊，态颇倔强。该事务所会员闻悉之下，甚为愤怒，当晚遂一律自动停止夜工，冀促资方觉悟。后由社会局出任调解，一面令劳方即日恢复夜工，一面令资方即日续商条件。不料劳方恢复夜工后，资方却违抗政令，仍行拒绝。虽经该事务所一再要求，而该局经理沈骏声始终借词推诿，劳方探悉此乃沈个人之狡猾态度，遂一面致函董事会，要求另推负责代表，该函竟为沈所搁置。迨十一月十四日二次致函董事会限二十四小时内答复，期届，仍无表示。因之，全体会员忍无可忍，遂相率罢工，是此次工潮之责任，应完全归于公司。不意市党部社会局厚彼薄此，一再严令劳方复工，甚至"限令剋日复工，如迟至三日（十一月二十一日）再不复工，即做自愿解雇论，准公司另招新工"等语，殊为遗憾。本会抱息事宁人之旨，乃于本月二十日下午推王永良、陈宣人、杨有壬、倪劾先、陈岳生前往该局，晤沈骏声，磋商让步办法。当由总务处郭鸿飞君接洽，即电知沈君。据云即行来厂，不料候至五时半，沈君仍不到，再约改二十一日晨十时，至时亦未来，是可见资方态度之强硬，若有所恃然。本会于此，亦惟有本革命之精神，整饬阵线，与该局顽固资方决斗到底，谨此宣言。

十一月二十二日

原载《申报》（1931-11-23）

大东书局宣告解雇未复工工友

商务等分事务所昨请愿
闸北各工会联合发宣言

本市大东书局全体职工罢工后，昨公司宣告，将未复工之工友一律解雇，

另雇新工继续工作。商务等四分事务所,昨日各推代表向市社会局请愿,闸北区各工会亦发表宣言援助。兹将各项情形,分志如下:

联名请愿　出版业工会商务分事务所、中华分事务所、民智出版分事务所、世界分事务所,昨日上午十时,推派代表钱宏才、朱公垂、张思赓、李涤新等,赴市社会局请愿要求:(一)大东书局工人,须有条件之复工;(二)望迅予设法调解,当由该局科员张振远接见。

公司启事　大东书局昨日发表启事云:本局一部分工友,于本月十六日违法罢工,迭奉市党部、市社会局会衔布告,严令立即复工,并以三日为限,逾期即作自愿解雇论,准由本局另招新工补充。业经本局登报通告各罢工工友,遵照党政机关命令于十一月二十一日以前来局复工在案。兹因限期已满,罢工工友虽有一部分前来复工,唯缺额尚多,值兹外侮日亟,黑垣又告失守,凡我国民,一息尚存,应如何激发天良,力谋振兴实业,为政府对外后盾。乃本局罢工工友,竟敢藐视法令,摧残实业,实可痛心。本局为遵守政府法令,维持实业,一致对外起见,业将罢工未复工之工友一律解雇,并已开始招雇新工,以便继续工作。此启。

劳方态度　出版业工会理事王永良,昨对新声社记者云:大东职工,此次被压迫而罢工,本会为息事宁人计,曾采用和平办法,如:(一)承认出版业工会代表大东书局全体会员之权,并津贴大东分事务所事业费每月洋六十元;(二)大东职工待遇条件,即日继续诚意谈判;(三)罢工期内工资照给;(四)不得因职工罢工而开除工人;(五)职工职业永远保障。奈因公司拒绝调停,以致仍未解决,现职工坚持反对,如果公司实行宣告解雇,另雇新工,则职工当以强硬态度对付,愿奋斗到底。

工会援助　上海闸北区各工会为援助大东书局全体职工罢工宣言云:全上海的工友们,被压迫的劳动群众们,我们整天做着牛马般的工作,所得的报酬,不用说养老抚小,连自己的衣食尚不能推[维]持。所以改善待遇,实为我全国工人迫切的合理要求。英勇的大东书局工友,因为不堪忍受资本家的剥削和压迫,于本月十六日全体职工三百余人,一致宣布罢工了。此次罢工,大东资本家虽则可运用钱的威权来勾结种种恶势力作极度残酷镇压,然而大东书局的罢工工友却在各界的热烈声援和全上海工友一致拥护之中,勇敢坚苦地坚持了八天之久了。现在大东的罢工工友不但不表示丝毫的屈伏,而更积极地显现出勇敢坚决的斗争精神,并宣誓不达目的、决不复工。这种为自己解放而奋斗的精神,实为我上海工人运动复兴的象征。大东职工罢工之后,资方不但无诚意解决工友所要求的条件,反而变本加厉的大施压迫手段,始则阴谋破坏,继而散布谣言,捏造事实,遍登广告,并竟借其金钱之势力逮捕工友,更宣布解雇罢工工友,种种卑劣手段,无所不用其极。大东书局的资方如此横暴,实为我工人阶级之仇敌。我们不谋解放则已,如欲解放,则岂能容此巨孽(中略)。全上海的工友们,我们知道工人的利益,只有用我们自己团体力量和奋斗精神方才能得到,因此我们认为大东书局的罢工职工,是我们工人运动复兴的先声。同时我们也将义不容解地率领全体工友一致起来声援了,我们不但率领本业的全体工友援助大东职工,并且还要用我们最大的努力来唤起全上海的工友站在同一战线上,一致向万恶的大东资本家奋斗。谨此宣言,上海市闸北区各工会。

原载《民国日报》(1931-11-24)

为大东书局工友流泪

流 星

大东书局全体工人的罢工,已经有好几天了,我们一方面惊服党政机关的调解,以及大东当局的手段;一方面也就钦佩工友们的大胆,居然连市党部、社会局的命令也不服从,真是憨不畏法了!我们与谁也无恩怨,自然说不上袒护谁,只希望早日能够解决。记者写稿时,距大东哀的美敦书的限期已过,而工友则决不复工,虽斧钺加身不顾,资方也将另雇新工,这一幕斗争的结果,且听下回分解好了。

我今天跑到四马路,遇到大东罢工委员会的宣传队,他们告诉我,絮絮不断,硬心如我也不免有些心酸。他们的工钱,平均不到十五元,到现在什么都涨了,生活不下去,所以一再要求增加工资。这一次再也忍不住了,他们讲,"我们也晓得社会局、市党部有命令,国难期中工人不得怠工罢工。但是我们爱国也与人一样,不过国难期中,米要涨价、房子加租,一切都增高了些,悔不该我们不是牛马"。言时泪涔涔下,我似乎有些凄恻。

同时,他们告诉了我很多,说资方不惜用种种卑劣手段破坏,而且用了不少的钱。前天有一位工友,因了约束某工友不守罢工的决议,便被包探老爷拉了去。他们当衣裳请律师打官司,结果罚钱了事,他们说官方责骂出版业工会不应不制止他们罢工。

亲爱的工友们呦,你们是多么可怜!现在资方是要另招新工了,官方也并不是居中调解,则你们失业的危险也就可怕极了!真的,"悔不该我们不是牛马",虽则有了几个工会为你们声援,虽则你们愿饿死而不能无条件复工。愿与一切压迫你们的奋斗到底,然而我一想到你们可怕的前途,我不禁要哭了。呜呼,中国的革命!

原载《上海日报》(1931-11-25)

报界公会宣言

援助大东书局罢工工友

上海报界工会援助大东书局罢工工友宣言云:同胞们、劳苦的兄弟们,我们工人阶级生活的痛苦,不待我们细说,已经尽人皆知了。所以我们工人,为改良自己的待遇,而向资本家提出要求,不论在什么时候,都是天经地义的应该。我们印刷工人的生活,一向都是非常痛苦的,尤其是一班书局工友,他们平日的待遇,简直比牛马都不如。大东书局虽然有它雄厚的资本、高大的发行所,以及宽阔的工厂,每年能赚得许多金钱。然而大东书局的资本家对于工友们,绝不会有丝毫对于工友们有利的待遇。所以大东书局工友这次的为要求条件而罢工,正是必然的结果,他们的精神是勇敢的,他们的情绪是热烈的,他们的一切要求,都能引起我们万分的同情,并愿予以有力的援助。很有许多人,在说我们工人,在这个国难方殷时是不该罢工的。这种说法,在表面上看来似乎很对,在实情上却是完全错误的。我们工人是很明白的,我们应该打倒帝国主义,为保护民族利益而奋斗。同时,我们也明白,我们应该改善自己的待遇,为提出要求而向资本家奋斗,没饭吃是不能行动的。不能行动了,怎么还能参加反日运动呢?所以参加反日运动和改良待遇运动,应该同时并进,那些借口于日帝国主义侵入而反对我们工人改良待遇的,无异于把我们工人绞死。所以我们在这个外侮不息的时候,正应该用全力来援助大东工友的斗争,反对压迫工人的大东书局的资本家及种种恶势力。同胞们工友们,大家起来,(一)援助大东书局工友;(二)反对压迫工人,改良工人待遇;(三)反对压迫工人运动,打倒工贼走狗;(四)扩大我们工人的经济斗争,而成为反对日本帝国主义、反对国内一切恶势力的革命斗争。当然,本会仅率全体工友,亦将在以上这些口号之下,努力奋斗。上海报届工会。

原载《民国日报》(1931-11-25)

大东书局罢工职工二次宣言

大东书局职工罢工第二次宣言云:全市工友们、各界同胞们,我们全体职工,为了生活的痛苦、资本家的压迫,要求切身的解放,逼不得已而实行罢工,到现在已经有十天了。在这十天之间,资本家的穷凶极恶的原形更加显的明白。一方面置我们全体罢工工友的要求于不问不闻,仍没有丝毫的觉悟;一方面则大造谣言,阴谋破坏,在宣传上依赖党政机关作护符,张贴布告,竟指我们全体工友因得不到合理的要求而罢工为"不顾法律人情"。试问任意受资本家剥削,饿肚挨冻替资本家赚钱,才算合于法律人情,复敢谓"所提条件未经全体大会通过"?查我们提出条件,已有三月之久,曾经过几次谈判,和当局几度调解,事实俱在,岂可抹煞?更荒谬的,竟说全体工友一致要求的罢工,是受少数恶劣份子所蛊惑。这真是信口雌黄,把自己对于工人要求的条件始终推诿、拒绝,开除工人等种种罪恶完全掩蔽起来,以淆乱各界视听。尤复遍登各报,以全体解雇,另招新工,来威吓罢工工友。用尽种种阴谋手段,利用恶势力,强制工友无条件复工,而想消灭工人斗争,资本家的心计真凶到极顶了!可是这种欺骗、威吓、造谣、压迫等种种手段,早已在我们工友预料之中。不仅不能摇动工友斗争的情绪,反使我全体工友团体更加坚固,意志更加坚决,"不达胜利目的、誓不复工"已成为我们这次罢工中的唯一格言了。资本家的凶恶心计,我全体罢工工友固已洞烛无遗。因此,更激动了与我们处在环境相同、利害相共的中华、民智、商务、世界四书局全体工友,输金救济,发表宣言,慰问援助,热烈拥护我们此次合理的罢工。而其余各工会各团体,亦均以阶级的同情,互相援助,慰问有加。这实在使我们非常感激与兴奋,而使资本家愤怒与颤抖的。我们知道,这次我们罢工的胜利与失败,不仅影响于全上海印刷工友,即对全上海各业工人均有影响的。大东资本家看到这一点,所以为维护他们资本家利益而不惜以种种手段来破坏我们,然而我全上海印刷工友与各业工友这样的对我们拥护、援助、慰勉、督促,亦就是以全工人阶级的力量来对付大东资本家的表现。因此,我们当负起全上海工人所膺巨任,不使全上海工友失望,决以不屈不挠的牺牲精神继续斗争。我们并希望全上海的印刷工友与各业工友,更加积极的起来援助我们,以达到条件的胜利解决。我们的口号:(一)反对狡猾、欺诈、专制、独裁、顽固的沈经理;(二)否认厚彼薄此、不公平的无理压迫;(三)打倒破坏工友集团的工贼走狗;(四)援护罢工委员会及代表团;(五)不达目的,誓不复工。

原载《申报》(1931-11-26)

南市各工会援助大东书局工友宣言

第一区水电业产业工会、上海报界工会、上海派报业职业工会、上海市履业工会、牙骨器业工会、二区清洁业工会、第二区水电业工会、制帽业工会、丝吐业工会、第九区水木业工会、第一区棉职业产业工会、药行业工会、第一区造船业工会、香业职业工会、一区针织业工会、药业职业工会、牙刷工会、丝光事务所、市制墨业工会、市染业工会、九区水泥业工会、旅馆招待业工会,昨发表宣言云:全市各工友各同胞均鉴,出版业工会大东书局事务所工友,因资方无诚意谈判改良待遇条件,为自身生活计,迫不得已开会议决全体罢工。其行为实为正常之自卫举动,其需要全系为维持最切之生活,社会人士及党政当局应如何怜惜其苦衷,出而主张公道,速为调处,乃不此之图。故罢工以来,致使资方势炎之高张,态度之强硬,且其为租界范围,竟亦无法制止。与夫速谋解决之方,而资方凶恶,更亦日益加厉,使大东书局工友至于山穷水尽地步。甚至势将个个被资方置于失业之区域,此后号寒悲饥,景况之惨,其可视乎?工会等本人类互助之正义,抱无袒无摔之主张,除推代表向大东书局工友慰问外,用特郑重宣言，予以精神及物质上之援助，冀其奋斗到底，以获胜利。尚祈各界工友同胞一致表示同情，共同援助，是所祷也。

原载《申报》（1931-11-27）

大东书局拒绝自行谈判

公司限期算取存工工资

本市大东书局总公司全体职工罢工后，迄今业已十六日，仍未复工。公司为遵从党政机关命令，布告解雇，未复工工友，限期算取存工工资，以清手续。但全体职工因待遇条件不解决，誓不复工，登报声明，否认公司非法布告。各工会群起援助，愿做后盾。前日大东分事务所推派代表杨鸣秋、孙凤林、周民德、徐心农等四人，赴公司与经理沈骏声，自行谈判，当被拒绝。全体职工闻悉，颇为愤怒，将作进一步表示。闻公司因工人罢工，不得已停工，迄今损失不赀云。

原载《申报》（1931-12-02）

大东日历

本埠大东书局历年精印各种日历，销数逾十数万以上。今岁该局仍续印常识、爱情、卫生、快活等四种，选词恰切，印刷精美。自发售以来，已销去数万之多。惟因存货有限，如此畅销，殊有供不应求之大势。

原载《民国日报》（1931-12-31）

大东书局创设法律函授社

大东书局年来着着发展，不遗余力，自新屋落成后，出书更多。近更创设法律函授社，藉利学者。闻该社学科甚备，有普通大学及专门学校之法律科同等程度。所有教授皆系法学名家，如董康、陈霆锐、吴经熊等十余人云。

原载《中国新书月报》1931年第1卷第6/7期第43页

论大东书局的罢工

山 昆

上海大东书局的工人,因为反对资本家增加工作时间、减少工资,反对开除工人,在十一月十五日宣布开始罢工。直到现在,罢工支持了将近三星期,资本家和反革命的国民党,采取了许多方法,来压迫和破坏这个罢工,可是,工人们的英勇情绪和坚苦的决心,突破了资本家和国民党的压迫和欺骗,现在还是很坚决的在对抗着!

虽然大东书局这次斗争的发动主要的还是经济的要求,是为争取工人切身利益的经济斗争;可是,我们一定要很明白的认识大东书局这次斗争是带有很严重的政治意义。国民党在今年五月里早就有了禁止罢工的命令,工人阶级对资本家任何形式的反对,都要受着国民党的残酷压迫,特别是在日本帝国主义占领满洲以后,国民党正利用"国难"来做幌子,进行他们对于工人阶级更进一步的惨酷的剥削,不准工人阶级反抗,而是要与资本家合作,共同"增进生产"。在九月到十月的时期中,曾经四次的公布"绝对禁止罢工"的命令。假若,工人阶级对于自己非人的生活表示不满,对资本家残酷的剥削表示反抗,那么立刻就会是"扰乱治安,目无法纪",就会依照"危害民国紧急治罪法"来治罪!

九一八满洲事变发生以后,全国各地掀起了反帝的怒潮。开始时,国民党企图将这一运动控制在国民党的范围之内。然而,事实的发展,不仅国民党的企图归于破产,而且在上海双十节以及十月革命的纪念中,在共产党领导之下,有过万余人的分区示威。群众高声的叫出"打倒国民党"的口号,这使国民党感觉本身统治动摇的危险,于是有所谓"上海的戒严命令",借口戒严来压迫群众的反帝运动,压迫工人的罢工和屠杀反帝的革命群众!

在国民党历次明令"绝对禁止罢工"和"上海临时戒严"的情况中,大东书局的工友们,毅然决然的宣布罢工了!很明显的,在这种情形之下,这一罢工的开始,首先就违反了国民党的法令,破坏了国民党的戒严条例,同时,坚决的拒绝社会局的仲裁,所以本身就包含了反对国民党的政治意义!因此,这次大东书局的罢工,绝不只是经济的,而是带有很严重的政治性质的斗争!

国民党和资本家都认清楚了这一点，认清了这一斗争本身就包含着反对现存统治的意义，因此，集中全力来压迫这一斗争，企图将这一斗争消灭下去，直接的给与大东的工友们以打击，而间接的就是在打击全上海的工人阶级，压制他们今后的斗争。所以，罢工后第二天，就有党政机关的会衔告示，勒令工人立刻上工，这绝不是偶然的！

资本家对付这次罢工的策略，一方面是利用它们的走狗机关——如市政府、社会局——来压迫；另一方面采取了许多挑拨离间的分裂政策，积极的对工人进攻，企图分裂工人阶级的战线，动摇斗争的情绪，这样来破坏和压迫这次的斗争。资本家首先是以工人藐视法令来威吓工人，要使工人屈服在他们的压迫之下。这一步骤不能实现，于是第二步以失业恐慌来威胁又开始了！罢工工人全体解雇，公司将全部招请新工，这样来动摇坚持着的工人斗争情绪。另一方面则造谣中伤，声明此次罢工全系"少数捣乱分子利用"，号召"被强迫罢工"的工友到公司去签名，企图用这种方法来瓦解斗争的战线，破坏工人一致的团结。大东的工友们，不为党政机关武力所屈服，更不能因资本家造谣欺骗的分裂政策而动摇，一直到现在，罢工还是很勇敢的、坚决的在继续着，这充分的表明了工人战斗的决心！

还有一点值得我们特别注意的，就是改组派的活动。改组派在大东罢工一开始的时候，就企图夺取对这次斗争的领导，利用这次斗争来进行他们反对蒋介石的工作。在斗争中他们也提出了一些工人的要求，号召在改组派影响之下的一些黄色工会，起来宣言"援助"，企图增加他们在群众中的信心，抓住这个斗争的领导，而去出卖和消灭这个斗争。有人以为在目前上海几次斗争中，改组派与我们提出的口号是一样的，同样他们也在领导工人斗争，所以我们要与改组派"合作"，或者联合改组派来进行斗争，这种观点是百分之百的机会主义！我们要知道，在上海工人的斗争中，改组派确是也提出了一些工人的要求，来号召群众，或者有时候甚至提出比我们提出的还要高些的口号，来欺骗群众。他们的目的，决不在领导工人阶级的斗争，使他们求得要求的实现，恰恰相反，他们是要提出些要求，来吸收落后群众对他们的幻想，争取斗争的领导，进一步的来出卖工人的利益，消减工人的斗争！

党在这次斗争中，主要的是要紧紧的抓住对这一斗争的独立领导，整齐罢工阵容，扩大罢工战线，很好的去运用下层统一战线，使大多数罢工的工友，围绕在党的周围，艰苦的、坚决的去争取这一罢工的胜利，实现工人的全部要求。因此，党的任务应该是：

第一，很好的、很严密的将全体罢工工人组织起来，罢工委员会应该经常的、每天的，采用各种方式（如组长会、群众会、接头处等）将罢工委员会的工作和决定、资本家社会局的政策、改组派黄色工会的欺骗，告诉工人，吸收他们的意见、与他们共同决定许多问题，要使每个罢工工友都切身感觉着他与罢工的关系，分配具体的工作要他们执行。这样来团结和巩固罢工战线。

第二，立刻应该在群众大会上决定群众的行动，号召他们起来包围资本家，包围公司写字间，推选代表去与资本家直接谈判，要资本家立刻承认工人的要求。号召群众去包围门市部，要求门市部店员立刻罢工来援助。只有这些广大群众的行动才能激动罢工工友，因为长久时间的支持而发生的消沉现象；也只有群众行动，才能使斗争深入和扩大，才能给资本家以更大的威胁，而使他不能不急于解决。

第三，正确的去运用下层统一战线，把大多数的工人都团结在党和赤色工会的口号的周围，使他们能够为实现他们的切身利益而斗争！在实际工作中，利用各种具体事实去揭露国民党，以及其他一切反革命派别的欺骗，用群众的行动去反对他们，为了要使全体罢工工人——甚至于就是落后的工人，都能团结在我们领导的周围，所以我们必须注意到整个工人的要求，随时提出一般工人所能了解和接受的口号。

第四，我们必须切实去了解斗争工人的情绪，随时提出各种政治口号，特别是与目前的反帝运动联系起来，使他们完全转变成反帝、反国民党的政治斗争。利用这次大东的斗争去推动全上海的反帝罢工——首先是印刷业。

第五，为了要保障大东书局罢工的胜利和扩大上海的罢工运动，党必须动员一切组织，工会、社团、反日会等，公开的去慰问大东的罢工，普遍的发起募捐运动，援助大东的工友。同时党必须加紧在民智、中华、世界、商务等书局的工作，发动这些书局的斗争，给与大东书局更有力的帮助。

十二月四日

原载《红旗周报》1931年第26期第9-13页

大东书局工潮中之陶百川

上海市党部S.S.小组后起之秀陶百川,以稍具案牍之才及忠于吴开先之故,得获常务委员之地位。上海工商业家,眼光线短,每以为欲消弭工潮,必须拉一党政机关中有力份子,以为护符。陶既升为常务,故为大东老板所倚重,遂月支干薪一百五十元,聘为编辑员,一面将党义教科书顶着陶氏的大名,借以欺骗教育界,一面借陶氏的势力以威吓工人,使其不敢从事组织及提出经济要求。但是大东书局的工人,在苛刻的生活条件中,不能再忍,终于在本月十六日宣布罢工了。罢工之前夕,资方已得消息,遂出孙头三十元,让陶竭力以党部命令,勒令工方须无条件复工,罢工工友愤慨异常,一致议决坚持到底。陶氏至此一无办法,乃要求社会局会衔布告制止。于是即有"限令克日复工,如迟至三日(十一月二十一日)再不复工,即作自愿解雇论,准公司另招新工"之严厉训令,罢工工友见此无理高压,置诸不理,陶百川应付乏术只得任其自然,大东资方代表沈骏声白白牺牲三千元,大有悔不当初之慨云。

原载《民治》1931年创刊号第14页

来函:大东书局第十五次续订普通印花税票*

致财政部请将大东书局第十五次续订普通印花税票第四批五十万张印款原案送部,以便审核支令暂存函　五月十一日

径启者案准

贵部公函填送直字第四七七八号支付命令一纸,计金额洋二万一千二百五十元,系付大东书局第十五次续订普通印花税票第四批五十万张印款等。因到部查所送支令未将原案附送本部,无从查核,未便签发,除将支付命令暂存外,相应函请

查照将原案抄送过部以凭签发。

此致
财政部。

原载《审计部公报》1931年第3期第53页

大东书局第十五次续订普通印花税票公函*

致财政部催送大东书局第十五次续订普通印花税票第四批五十万张印款原案函　七月三日

径启者案准

贵部库字第15373号函以直字4778号支令列支之款，系付大东书局第十五次续订普通印花税票第四批五十万张之印款，检同直字第5453号支令，应核单据一并送校等因，准此查直字第5453号支令支付金额核与单据列数相符，业经签发，惟直字第4778号支令未附原案，迭经函请

贵部抄送在案，迄今未准抄送过部，碍难签发。相应检同直字第4778号支令，随函送还，即希

查明更正，再行送核。

此致
财政部。

原载《审计部公报》1931年第5期第88-89页

致大东书局函

印字第三六七二号

径复者顷接

贵局第三九零号函以第十二、十三、十四三次合同普通印花积存废票十四万零八百九十四张，业已会同本部平委员毅、丁委员寿龄，及驻沪监制税票委员逐一点验，于一月三十日眼同焚毁，函请督核备案等由。

并据各委员等，先后具呈到部查核相符，应准备案，除分别指令外，相应函复查照。

此致
大东书局。

中华民国二十年二月　日

原载《财政日刊》1931年第995期第7页

大东书局将出版社会科学基本丛书

大东书局最近营业极为发达,门市部扩充以来,气象焕然一新。所发行之《现代学生》销路已达三万以上,可谓广矣。现发行社会科学丛书,由杨幼炯先生主编,计二十四种,每册约三万余言,其著译均为专家名流,如章渊若、王景歧、应成一、杨熙时、邹枋、汤增敫、吴颂皋。

原载《草野》1931年第5卷第12期第120页

大东书局工潮略纪

二十年十一月十六日事件

本市大东书局总公司全体职工于十一月十六日罢工。兹将罢工经过略述如左:

罢工宣言

全上海工友们,各界同胞们,大东书局资本家,因欲与先进的商务、中华等资本家竞争,以增加利润,他就只有向工人身上尽量榨取的一种手段,所以对我们待遇的恶劣、工钱的微薄(平均每人每月十五元)、工作的繁重,真是无以复加。我们全体职工,为团结力量改善待遇,维持生活计,于八月间筹备组织工会,提出要求条件十六条。平日公司方面,每以"劳资合作"为口头禅,满希望必能允许我们,谁知所谓"劳资合作"完全是叫工人受冻饿、作牛马、不要动的欺骗说法,所以不仅不答应我们而反用种种手段来破坏我们的团结。如对成立工会问题,公司方面挽了人向我们欺骗谓:"现在公司正在招股时期,倘工会在此时成立,对于招股前途必生障碍,反正你们组织工会,无非要改善待遇,成立大会原不过名义问题吧[罢]了。对于你们条件,尽可先行协商,成立会即请暂缓举行"云云。我们工人为顾全公司发展计,就很爽快的答应公司的请求,以表示我们爱护公司之诚意,讵知是中了计策,对条件、问题则延不解决,一味拒绝,毫无接受诚意,最后竟说:"在现在的时候,根本无续谈的可能。"因之激动全体工友的公愤,自动停止夜工,冀促资方的觉悟。讵公司方面竟向市党部社会局控告,请严办负责人以威吓工人,市党部未明底蕴,即以一纸命令斥责我们，我们无奈只得忍痛恢复夜工，希望公司继续谈判。此时公司方面又改变计策，我们的经理沈骏声竟说："我个人亦希望早日解决，但董事方面不答应，我也没有办法。"云云。以这种强硬而推诿的态度来拒绝我们，使条件永远悬而不决，公司方面一面既以敷衍拒绝推诿等手段对付我们，一面更积极压迫工人，如威吓我们负责人金炎龄，强逼脱离公司，解散西文排字部，使十余工友失业，工友进出手持纸包，即须搜查，当工人是窃贼，旷假三天即须开除工作，雇用工贼侦探工人行动，勾结工头不准学徒自由行动，尤复任意打骂。最近更拟在年关开除大批积极工友，置工友于不死不活之境地，资本家的手段真毒辣呀！全上海的工友们，我们因生活的痛苦而要求改善待遇，公司方面不仅不允而反一步步的向工友近逼，现在逼到让无可让、忍无可忍了。我们只有采取罢工行动自卫了，也只以我们三百余工友的团结力量才能获取我们应得的利益。所以这次罢工，完全是公司方面逼成的，公司方面应负一切责任。全上海的出版业工友和印刷工友们，我们这次为改善待遇、解除痛苦而罢工，固为我们自己利益而斗争，但同时亦为我上海全体印刷工友解放前途而斗争，所以我们义不容辞的以大无畏的牺牲精神来负起此光荣伟大的任务，我们知道全上海的印刷工友们，必能予我们以热烈的同情和勇敢的援助，使我们达到胜利的目的。

大东书局通告

罢工之后，该局董事会即开会议，并登报通告罢工工友。其通告如左：

径启者：本局一部份工友于本月十六日上午突然罢工，其违法之点有四：（一）所提出之条件未经全体大会通过及党政机关核准。（二）罢工之前未经调解仲裁程序。（三）罢工之前未开全体大会，未经全体职工以无记名投票得三分二以上之同意。（四）国难当前，曾经党政机关剀切通令严禁怠工罢工，今本局工友竟受少数恶劣分子之蛊惑，不顾法律人情，出此不法之手段，实可痛心。本月十七日市党部市社会局已会衔布告，限令本局工人立即复工，深恐本局罢工工友尚未周知，用特登报并竟限于十一月十九日上午十二时以前一律到厂复工，若仍故意违抗，本局为尊重市党部市社会局法令，维持社会治安，避免营业损害计，惟有对罢工工友一律解雇，另招新工，勿谓言之不预也。特此通告。

自此通告之后，虽有一部份复工，而多数人仍未进厂，于是又有第二次之通告，其文如左：

查本局一部分职工于本月十六日违法罢工，十七日奉市党部市社会局会衔布告，严令立即复工，本局深恐罢工工友尚未周知，曾登报通告宽限至十九日上午十二时以前一律复工，乃罢工工友除有少数已自振扳前来复工外，其余受恶劣分子之胁迫，仍然观望不前。本日又奉市党部市社会局会衔布告，限令克日复工，如迟至三日再不复工，即作自愿解雇论，另招新工补充。兹本局为尊重党政机关法令及促罢工工友觉悟起见，特再登报通告希于十一月二十一日以前一律到厂签名复工，否则本局唯有遵照命令依法解雇。特此通告。

二十年十一月十九日

再度通告满期后，该局当局乃实行解雇未复工之工友，亦曾有启事：

本局一部分工友，于本月十六日违法罢工，迭奉市党部市社会局会衔布告，严令立即复工，并以三日为限，逾期即作自愿解雇论，准由本局另招新工补充，业经本局登报通告各罢工工友。遵照党政机关命令于十一月二十一日以前来局复工案，兹因期限已满，罢工工友虽有一部份前来复工，唯缺额尚多，值兹外侮日亟，黑垣又告失守，凡我国民，一息尚存，应如何激发天良，力谋振兴实业，为政府对外后盾，乃本局罢工工友竟敢蔑视法令，摧残实业，实可痛心。本局为遵守政府法令，维持实业，一致对外起见，业将罢工未复工之工友一律解雇，并已开始招雇新工，以便利继续工作。此启。

出版业工会请愿

出版业工会商务分事务所、中华分事务所、民智分事务所、世界分事务所，于大东工友罢工期内曾推派代表钱宏才、朱公垂、张思赓、李涤新等，赴市社会局请愿要求：(一)大东书局工人，须有条件复工。(二)望迅予设法调解，当由该局科员张振远接见。

出版业工会之调停

出版业工会为息事宁人计,曾采用和平办法:(一)承认出版业工会代表大东书局全体会员之权,并津贴大东书局分事务所事业费每月洋六十元。(二)大东职工待遇条件,即日继续诚意谈判。(三)罢工期内工资照给。(四)不得因职工罢工而开除工人。(五)职工职业永远保障。

最后,大东书局拒绝调停,竟以强硬态度解雇工友。此案至今仍未解决,结果如何,容俟续志。

原载《中国新书月报》1931年第1卷第12期第25—26页

大东书局法律函授学社简章

大东开办法律函授学社感言

函授学校之制,肇始海外。然吾国宋明清诸大师宿儒别集中,与及门论学之札,及所谓答客问答或问者,往往一人一事,而往复辩难至数十篇之夥。虽体裁非讲义,其旨趣与今之函授何异?即上溯孔门,其亲炙之七十子,盖亲闻讲解于杏坛者也。其余三千人,居非一地,吾意当时亦必有论学之文,或本于师门之手稿,或出于弟子之传钞,如宋儒之语录。假令此等文字尚在人间,则吾人数千年后,钻仰圣学之资料或不止《鲁论》《家语》《孔丛子》诸书,其旨趣又与今之函授何异?夫主其事者,无须为繁重之设备,教者分门撰述,不必以时躬莅皋比之座。学者不出户庭,不具修贽,而有师友之乐,治事之暇,日手一编,灌输专门之知识,成就专门之人材,天下事之可喜,孰有逾于此者乎?专门学科,有属于精神方面者,形上之学也;有属于物质方面者,形下之学也。形下之学,如声光化电,医药路矿,其窾要之所在,有时必需乎实验,非文字所可形容,一若不宜于函授。然外国函授学校其于上述诸科,犹且风行世界,未闻读者苦其艰深。况乎形上之学如法律者,重理论不重实验,可言传自易意会。又以浅显之文字,达精深之意义,有例证,有解答,凡稍具普通学识者,有不心领神会、左右逢源者,其谁信之!吾国主权在民,方令撤废领事裁判权问题、收回租界问题,政府方殷殷勉人民以合作。非于国际法有相当之研究,何足以副厚望！其次,新颁诸法,其采用之主义与政策,有沿袭旧法律、容纳旧思想者,亦有与旧法律旧思想截然不同者,皆与个人之权利义务,有密切之关系。亦非于民刑法有相当之研究,不足以资应付。又其次,新颁司法官律师考试条例,有大学或专科学校法律、政治科毕业之同等学力,经检定考试及格,亦得应司法官考试。盖立法之意,注重真才实学,不斤斤于寻常学校毕业之资格,而所谓有同等学力,惟曾受法律函授教育者最足当之而无愧。大东书局设立法律函授学社,予喜其裨益社会而且深有合于古也,故书其简端如右。

中华民国二十年四月董康序

大东书局创设法律函授学社缘起

西谚曰:"吾人生于法律,死于法律,动作于法律。"从可知法律与人生之关系,至深且密。乌可不考其要义,以应社会之需求?溯自国府成立以还,虽公私法律,次第颁布;法院组织,渐臻完备,而从事研求法律者,仅限于各大学法科。陶冶人材,恒虞不足。此十九年十二月廿七日考试院公布《高等考试司官律师考试条例》规定:除大学法科而外,凡有大学或专科学校法律政治学科毕业之同等学力,经检定考试及格者,亦得应司法官考试,所以罗致校外英俊也。第考试科目殷繁,法学原理深邃,实非仅通文义一知半解者,所能臆度。必有良好之导师,为之剀切譬喻,方能窥其堂奥,而领略其精妙。惟我国近年以来民生凋敝,资产丰裕者,固弗难负笈寻师;生计艰难者,则不免望洋兴叹,甚非总理提倡教育普及之初衷。本局有鉴于此,特敦聘名法学家,创设法律函授学社,誓以至诚,服务社会,以期普遍灌输法律知识,速成法学专门人材,效劳党国。顾以绵力,创兹宏举,窃恐汲深绠短,贻识者羞。尚希海内先达,名言谠论,时予赞助,俾睹微绩,有厚幸焉。

(一)函授学社之便利

(A)普通学校,须学生亲到学校肄业;函授学社,则仅用讲义及通讯教授,予有职业以自由读书之机会,较面聆训诲者,尤为便利。

(B)普通学校,多系强迫教育;函授学社,则为自动的教育。

(C)普通学校,由学校规定读书时间;函授学社,则由学员选定读书时间。

(D)普通学校,恒聚数十人为一班,不免有戕折个性之弊;函授学社,则因材施教,随问随答,不啻为每人特设一班。

(二)肄业本社之便利

(1)有志向学者,随时均可入社。

(2)各课均用讲义,或兼采教本。

(3)教授均系海上各大学名教授,经验宏富,且均能扶助学员。

(4)学费极廉。

(5)毕业期限极短。

(6)凡本社学员成绩特别优良者,均可全部或一部免费,以资鼓励(办法详简章)。

(7)女子或学生入本社肄业者,减收学费(办法详简章)。

(8)凡本社社员,遇有法律问题,均可随时函询,本社当立即答复。

(9)学员修业期满,经考查成绩及格者,由本社发给毕业文凭。

(三)本社之效用

现在法令,浩如烟海。吾人倘不明其精义,往往于无形中,放弃权利,违背义务,酿成无穷之损失,追悔莫及。本社以灌输法律知识为职志,务使肄业各员了解微奥,为个人生命财产与社会一般利益的保障,足以防御土劣之凌虐,抵制法官之专横。且最近国府颁布《高等考试司法官律师考试条例》第二条第三款规定:"有大学或专科学校法律政治学科毕业之同等学力,经检定考试及格者",得应其考试。又《检定考试规程》第三条第二款规定:"有大学或专科学校毕业之同等学力者,得应高等检定考试。"准此,则无论何人,举凡具有同等学力者,均得应其考试。本社课程,系按照《检定考试规程》第五条第二款,与《司法官考试条例》第六条第一项所列各科目而定,与各大学法科无异,其效用亦正相同。且延聘海内外法律名家函授,剖解详晰,以为学员毕业后之考试捷径。较之负笈远游者,事半功倍矣。

大东书局法律函授学社教职员一览

社　长

汪翰章　国立暨南大学法律系教授,持志学院法律系教授,暨大法律丛书编辑主任。

秘　书

李毓芬　历充湖北、夏口、武昌、襄阳等处地方法院检察官。

教　授(以姓氏笔画多少为序)

戴修瓚　前北京大学法律系主任兼教授,现充中国公学教务长,兼法律系主任,暨南大学、东吴大学及上海法学院教授。

钱树声　曾充浙江暨江苏高等法院推事、检察官,暨南大学教授。

董　康　前司法总长。

郭　卫　江南学院院长。

梅鹤章　前大理院推事,暨南大学教授。

张志让　前大理院推事,东吴大学、暨南大学教授。

张映南　前充北京公私立各大学教授及政法科主任,现充中国公学大学部及上海法学院教授。

陈霆锐　美国密西根大学法学博士。

韦惟清　上海地方法院推事,暨南大学教授。

吴经熊　美国密西根大学法学博士,东吴大学法学院院长。

李　谟　江苏高等法院第二分院推事,暨南大学教授。

李毓芬　(见前)

汪翰章　(见前)

石　颕　美国耶鲁大学法学博士,国立暨南大学法律系主任兼教授。

大东书局法律函授学社简章

(一)定名　大东局法律函授学社,英文名为:THE DAH TUNG BOOK CO. LAW CORRESPONDENCE SCHOOL

(二)社址　本社附设于大东书局编辑所内。

(三)宗旨　本社以普遍灌输知识,速成法学专门人才为宗旨。

(四)组织　本社设社长一人,教职员若干人,担任教科、解疑及其他事务。

(五)科目　本社依据《现行检定考试规程》及《司法官考试条例》厘定科目如左:

(1)党义

(2)政治学

(3)公文程式

(4)法院组织法

(5)刑法总则

(6)刑法分则

(7)民法总则

(8)债编总论

(9)债编各论

(10)民法物权编

(11)民法亲属编

(12)民法继承编

(13)公司法

(14)票据法

(15)海商法

(16)民事诉讼法

(17)刑事诉讼法

(18)国际私法

(19)劳动法

(20)土地法

(21)国民政府组织法

(22)保险法

(23)刑事政策

(24)监狱学

(六)选修　于前列各科目,得任选择一种以上修习之。

(七)毕业期限　一年毕业,自本社招生后,接受报名之日起算,选修者亦同。但学员因特别事故请假时,得延长之。

(八)学费　银洋六十元,于报名时一次付清。如分期缴付,按月预付五元半。选修者,每种科目,应预缴五元。

(九)减费办法　凡具有左列资格之一加入本社者,学费以九折计算。

(1)女子或学生(学生须由学校具函证明)。

(2)十人以上同时加入者。

前项办法,选修者不适用之。

(十)汇款　外埠学员付款,须由邮局或银行汇兑。如汇兑不通之处,以邮票代现,一律作九五折计算。遇有遗失或被罚等情,本社不负责任。

(十一)报名　有志向学者,不论何时,均可取本社之志愿书(本社印有空白之志愿书,函索即寄),填写清楚,连同四寸半身像片及学费,寄交上海四马路大东书局法律函授学社报名处。

(十二)入学　学员报名缴费后,本社即寄发讲义或教本及入社证书。

(十三)讲义　讲义皆由法学专家编辑,有时采用内容完善之教本,均不另取费。

(十四)参考　学员所需参考书,必须自备。但购大东书局出版之各种书籍,得照原定折扣,再打九折,以示优待。

(十五)质疑　学员对于讲义或教本,以及其他法律事件,有疑难时,须用本社之质疑纸(此纸于发讲义时附寄),明白缮出,邮寄本社,本社当即解答,已毕业之学员亦同。但每种科目,每人月限二次,其有中途退学而质问者,本社概不答复。

(十六)邮费　学员寄来之件,须贴足邮票,以免遗失。本社寄发之件,邮费由本社担任;惟国外邮费应于第一次缴款时附加三元。

(十七)退学　凡学员半途退学者,已付之学费不得索还。

(十八)迁移　学员住址如有变更,须函告本社,以便改寄讲义及通讯。

(十九)考试　于毕业时举行一次。

(二十)毕业　修业期满,经考试成绩在七十分以上者,准予毕业,由本社发给毕业文凭。

(二十一)奖励　依左列办理:

（A）奖品　学员考试成绩分数在八十五分以上者，本社给与奖品。

（B）退费　考试平均分数在九十分以上者，退还半费。在九十五分以上或毕业后考取法官者，均退还全部学费。

（C）奖学　在本社毕业成绩在九十分以上，而考入国立或省立大学法律系本科者，其常年学费，概由本社担任。但入学时，须先知照本社存案，应于每学期考试后，将考试单寄由本社查明功课完全及格时，即将半年学费如数汇给。

右列各款，选修者不适用之。

大东书局法律函授学社志愿书

立志愿书

兹向上海大东书局法律函授学社报名入学，应付学费照章认缴，计共银圆⁽一⁾

（甲）六十元　随即缴清。

（乙）六十六元　分十二期付清。随缴第一期银圆五元半，以后每月预缴五元半，按期缴足。

并愿遵守左开各条：

（一）贵社一切定章。

（二）除特别事故外，每日至少以一小时为修业时间。

（三）依照社章所定修业期限，将讲义修完。

（四）所有一切试卷，均亲自写就，不假手他人。

（五）学费到期不缴，贵社得将讲义停发。

中华民国　年　月　日　具

姓名⁽二⁾

籍贯　省　县

年龄

通讯处⁽三⁾

家庭职业⁽四⁾

曾在何处肄业⁽五⁾

现在何处办事或肄业⁽六⁾

填写志愿书者注意：

（一）学费一次付清者，可将括弧下（乙）项用墨笔划去。学费按月缴付者，可将括号下（甲）项用墨笔划去。

（二）姓名须写清楚，并只用一名。

（三）通讯处愈详细愈佳。

（四）家庭职业项，写明父兄职业。

（五）曾在何处肄业，须写明肄业几年，毕业或未毕业。

（六）现在何处办事或肄业，须详细写明。不办事或不肄业者，可写家居字样。

大东书局法律函授学社选修科志愿书
　　　　　立志愿书

兹向上海大东书局法律函授学社报名入选修科，应付学费照章认缴，计共银圆五元，随即缴清。并愿遵守左开各条：

（一）贵社一切定章。

（二）除特别事故外，每日至少以一小时为修业时间。

（三）依照社章所定修业期限，将讲义修完。

（四）所有一切试卷，均亲自写就，不假手他人。

　　　　　　　　　　　　　　　中华民国　年　月　日

姓名（一）

籍贯　省　县

年龄

通讯处（二）

家庭职业（三）

曾何处肄业（四）

现在何处办事或肄业（五）

填写志愿书者注意：

（一）姓名须写清楚，并只用一名。

（二）通讯处愈详细愈佳。

（三）家庭职业项，写明父兄职业。

（四）曾在何处肄业，须写明肄业几年，毕业或未毕业。

（五）现在何处办事或肄业，须详细写明。不办事或不肄业者，可写家居字样。

大东书局十五周年纪念册（节选）

国化教科书问题

蔡元培

"国化教科书"五个字的意思，就是想把我国各学校（偏重高中以上）所应用的各项教科书——社会科学的或自然科学的——除外国文而外，都应当使之中国化。再明白点讲，就是除开外国文学一项，其余各种科学都应该采用中国文做的教本。在此处，欲使一般教育者易于明了我的论点起见，"国化教科书"这个名词可以英文 Nationalized textbook 两个字来做他说明。

现在我国学校自高中以上，率多采用外国文本子，尤其是自然科学，如数理化动植矿等科多用原文教学。这固然是我们文化落伍的国家想得到现代知识所用的苦法子。但吾人终须认为这是不得已的过渡办法，倘若将这种不良状况长时间的展延下去，则吾国学子所受的损失，将不可言喻，实为一件至可恼痛的事。

按多用外国文教育的不利之点，大约有下列数项：（一）糜费时间与脑力。吾人之所以要阅读外籍的目的，原欲通晓其文字所代表的知识。至文字本身，不过是一种工具而已。今欲具备此项工具，动辄耗废青年们五六年的光阴，最活泼时期的脑力，方得入于知识之门。其为最不经济的办法，是人人所知道的。（二）与国情不适合。教科书中应该多举实例以证学理。外国人所著所用的教科书中举出的例子，当然是多取材于其本国的（尤其是社会科学的书）。用这种书教中国学生，学习时既不免有隔膜惝恍的弊病；将来出而应世，亦不能充分应用。况彼此学制年级既属参差，教材的数量亦自不能强同。（三）足为普及教育的障碍。外国文的教科书,必须对于外国文有相当准备的学生始能了解。而准备这工具,需费诺大的力气。脑力、时间、经济三者,都非寒酸子弟所易办到。结果初中举业而能够升学的学生,寥寥可数。实与吾国所最需要的普及教育,以重大的打击。

上面所述,已将外国文教本不利便之处,加以概略的说明了。现在吾国对于这种歧途的现象,必须要急速设法补救。两年前政府毅然取消小学校的英文课程,也是这个用意。

自然,在此时来谈国化教科书有许多困难。或者还有人以为此时谈这个问题稍嫌太早。但我以为此刻吾人亟应有此憬觉,而积极的准备起来。如各科专门名词之划一的规定,外国书籍之多量的选译,以及各项必需的教科书之编辑,均是应当加速进行的。务使高中以上各学校,除外国文学课程外。无论哪一种学科,都有中文本子,足供教员、学生们研究参考之用,不致动辄乞灵于外籍。更使学生得移其耗费在工具上脑力、时间与经济,直接探入学术的宝库。

"国化教科书"的责任,当然不是少数人或少数文化机关所能够担负的。凡努力于文化事业的,如教育家、著作家和出版家,均应分担一些责任。大东书局素著声誉于国内,现正致力于教科普及高中以上学生的读物。其将大有贡献于教育界,当可预卜。兹值十五周年纪念,自必更有一番新计划。所以我特提出这个"国化教科书"的问题,来做他的一个纪念。尚望国内教育家和出版界,一致向着这个目标进行,则中国青年幸甚!中国文化前途幸甚!

祝大东书局十五周纪念

总理尝言:"一切人类大事,皆以印刷纪述之;一切人类知识,皆以印刷蓄积之。"世界诸民族文明之进步,每以其出版物之多少衡量之,而于我国印刷业之幼稚,每致慨叹,思欲建大规模之印刷工厂,以为整兴文化之资。盖有鉴两者关系之密切也。大东书局设立沪埠十五载,近举行纪念,将布特刊,嘱洪年一言。洪年追惟总理遗教,而大东书局以宣传文化,沟通东西洋界学术为职志,有关于吾国学术文化之大也,因撰此祝。深愿执事诸君之发扬光大,以启发民智日进于无疆也。

民国二十年四月，番禺郑洪年

大东书局十五周年纪念

　　书局之使命，在传播文化、启牖民智，盖至重且要也。大东书局成立开设十五年以前，编印新书，发行刊物，不胫而走，风行一时，于教育界智识界，莫不有裨不浅。然其始规模尚隘，不过赁屋而设肆耳。今者由微而者，由简而巨，盖逐年发扬光大，至是而自建新屋矣。层楼大厦，美轮美奂，且处沪滨之中心，当五衢之要道，泰山肤云，不崇朝而天上皆雨；其广播学识，灌输文化，将更有贡献于教育界、智识界以及芸芸民众，又可知也。且人生十三曰成童，二十曰弱冠。大东书局之入世，已阅十五寒暑；比之于人，盖已渐由成童时期而入于成人时代矣。故今年为十五周年纪念，而又适逢新屋落成之庆，亦犹人之冠而有室矣。是则大东书局今后之月日，皆春秋鼎盛之日，其发育蕃殖，前程无量，尤可操左券也。将见轩车相击，如看太学之碑，街巷相填，无异华阴之市。陆放翁所记之泥板，视此多惭；毋昭裔所创之木刻，宁足与并。岂直玉板银编之字，石室金匮之书，矜邺架之多，夸曹仓之富而已哉？

民国二十年四月徐佩璜序于上海市教育局

贺大东书局

欧元怀

　　一国文化之盛衰，恒视其出版物之质量以为衡。故出版业者，实负有传播文化、指导社会之使命，与其他企业之第以营利为鹄的者不同。我国衰敝之余，百事落后；既以出版业而论，较之东西先进各国，殆不可同年而语。幸迩年以来，国人稍知注意于文化运动，因之书肆之设与岁俱增，新旧载籍刊印渐广，洵为可喜之象。而就中成绩最著、进步最速者，允推大东书局。其所出各种图书，靡不编制完善，材料精良，早已纸贵洛阳，风行全国，而尤能努力于传播文化指导社会之使命，不以区区营利为鹄的。其前途之光明伟大，诚未可以限量也！

　　兹当十五周年纪念之际，聊书数语，以志贺焉！

经济概况

本公司创始于中华民国五年，倡办人为吕子泉、王幼堂、沈骏声、王均卿四君，资本三万元，赁福州路昼锦里口店屋二楹为发行所。延聘编辑，编纂各种图书，陆续出版，是为本局之发轫时期。自是以后，年有进展。八年冬，乃自设印刷所于蒙古路森康里，各项设置，渐具规模。十年，移发行所于福州路一百十号新屋，其时出版图书已达二百余种，营业年可十余万元。次年，乃分设广州、汉口两分局。迁印刷所于北西藏路公益里，在出版界中，遂骎骎露头角。十三年，由合资公司改组为股份有限公司，集资本十万元，添设北平、辽宁、长沙三分局，营业增至廿六万元。十四年，复增资本为二十万元，呈准农商部注册，领得第一〇八〇号注册执照；并设梧州、汕头两分局及东方舆地学社；印刷所则增设照相制版部，自制钢锌版；设凹版部，承印钞票、印花税票。营业额与年俱进，达三十六万元。十六年，因各处发生罢工风潮，各分局颇受影响，汉口、汕头、梧州，俱改为特约分局。但营业仍有进展，达五十万元。同年，国民政府定都南京，当向全国注册局重行注册，领得第三类第二号注册执照，同时并迁移总务处、编译所、印刷所、货栈于牯岭路一〇一号，营业状况则因时局关系，罢工月余，略有退减。十七年，时局渐平，改任沈骏声君为经理，营业六十三万元。十八年，徐州、哈尔滨、成都三特约分局成立，营业六十六万元。十九年，设南京、天津两分局，合并天津文华文局、上海大东橡皮印刷公司；总厂地位不敷，则迁至北福建路二号前商务印书馆原址，营业七十九万余元。二十年，扩充益力，出版图书益多，合并别美彩色照相制版公司、龙飞印刷公司，以添厚印刷之实力；广州分局自置永汉北路前南越酒店地产，以树华南方面永久基础。外此，续设改置者，则有南昌特约分局；在开办者，则有重庆、杭州、开封三分局。上海总店同时复迁移至福州路望平街转角九十九号五开间三层楼洋房，建筑精美，富丽庄严，矗至福州路上，至壮观瞻，见者咸称为出版界中得未曾有焉。窃本公司同人于过去十五年间艰难缔造，以冀有贡献于国人，有裨益于文化，夙夜兢业，幸免陨越。今既分局遍于国内，基础稳固，前途发展，未可限量，同人自当抱定原有宗旨，为继续不断的努力，求无负国人之期望云尔！

总厂总店

  本公司设总厂于上海北福建路二号,总务处、编译所、印刷所三大机关均隶于是,货栈则设于对门北幅建路三号。共占地约三亩五分,楼都三层,办事地位约共合六万五千英方尺,职员一百五十余人,工友三百余人,分司各项工作;以总务处总其成,规划管理全公司一切之事务。其下现设总务、出版、推广、分局、会计、稽核、稿务、进货、存货九科,每科又各分股,如总务下有文书、股务、人事等股;推广下有广告、交际、调查等股。编译所罗致硕学,力事扩充,近数年来不遗余力,已陆续设置者,有教科、法制、国学、字典、英文、丛书、艺术、儿童等八部。此外,附属机关则有现代学生、学生文艺丛刊、科学月刊、社会科学杂志、新家庭、戏剧月刊、现代女学生七大杂志社,及法律函授学社、东方舆地学社。印刷所分部更多,关于事务方面者有营业、管理、材料、校对等四科;关于工务方面者,有铸字、排版、铅印、照相制版、彫刻版、电镀版、凹版印刷、凹凸版整理、彩色画石、彩色制版、胶版、石印、珂罗版、木工、装钉等十五部,大小印刷机凡三十余台,每月所需纸量在三千令以上。在印刷业中,已获得有相当之地位与荣誉,此社会之所公认,而亦本公司之所深自庆幸者也!

  本公司设总店于上海四马路望平街转角九十九号五开间三层楼大厦,为本公司最大销货机关,自本年四月迁入以后,营业骤增数倍,门市恒在千元以上,此微小之数目,以视其他企业,固不足与比论,然在书业中,在中国教育不发达之书业中,则极难能而可贵矣。主持店务者,有店长及副店长,其下分账务、门市、批发、邮售、承印、定书、进货、寄售、文书、存货等十科。办事人员,共四十余人,文具部份,并增设照相器械、无线电用品、电刻丝织礼品各柜。

  兹将本公司之组织系统,附刻于后。

民国二十年夏大东书局绘制　　　　本公司之组织系统

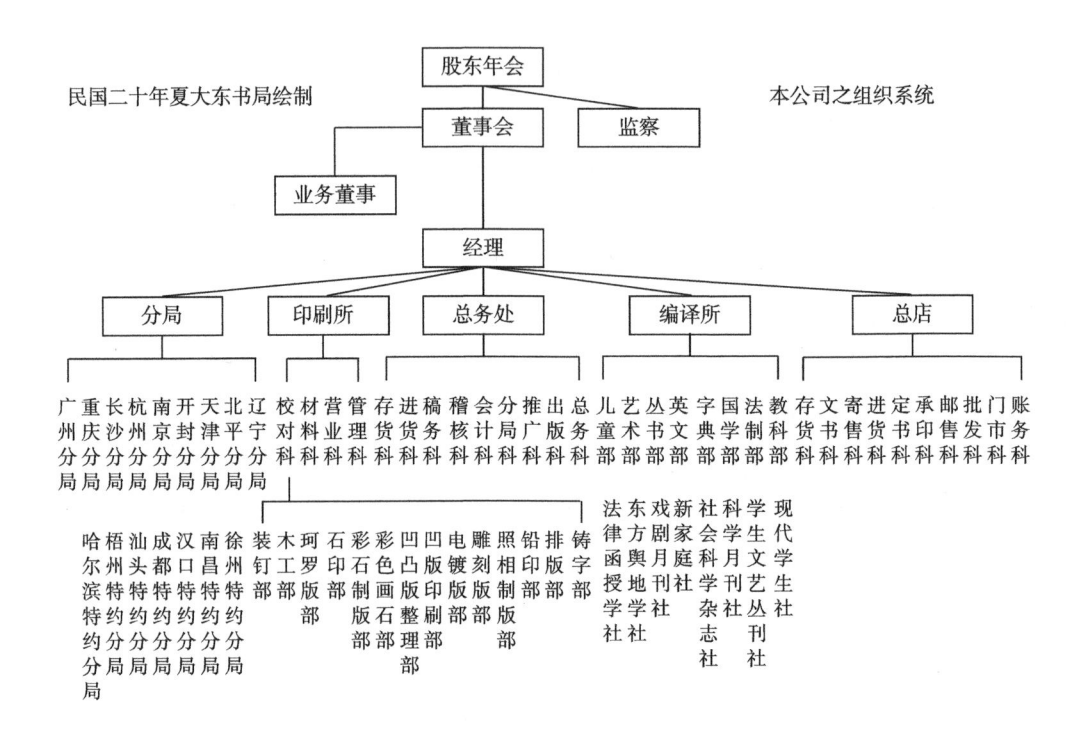

```
                          股东年会
                            │
                          董事会 ── 监察
                            │
                          业务董事
                            │
                           经理
    ┌──────┬──────┬──────┼──────┬──────┐
   分局   印刷所  总务处        编译所   总店
```

分局：广州分局　重庆分局　长沙分局　杭州分局　南京分局　开封分局　天津分局　北平分局　辽宁分局

印刷所：校对科　材料科　营业科　管理科　存货科　进货科　稿务科　稽核科　会计科　分局科　推广科　出版科　总务科

编译所：儿童部　艺术书　丛书部　英文部　字典部　国学部　法制部　教科部　存货科　文书科　寄售科　进货科　定货科　承印部　邮售部　批发部　门市部　账务科

特约分局：哈尔滨特约分局　梧州特约分局　汕头特约分局　成都特约分局　汉口特约分局　南昌特约分局　徐州特约分局

印刷所下属：装钉部　木刻部　珂罗版部　石印部　彩色版整理部　彩色凹凸印刷部　凹版部　凹版印刷部　电镀部　雕刻部　照相部　铅印部　排版部　铸字部

编译所下属：法律函授学社　东方舆地学社　戏剧月刊杂志社　新家庭月刊　社会科学　新学月刊　社学丛刊　科学文艺　现代学生

    本公司所设立之各埠分局，最初开幕者，为广州汉口两分局，其后续设北平、辽宁、长沙、汕头、梧州五分局。至十六年，因受罢工影响，取紧缩政策，汉口、汕头、梧州三局，改为特约。十八年，复设徐州、哈尔滨、成都三特约分局。十九年，设天津、南京两分局。二十年，对于分局之创设，更益努力，已开业者，有南昌特约分局；在开办中者，有重庆、杭州、开封三分局。广州特约分局，则收回改为自办，更自置永汉北路前南越酒店地产，以树华南方面永久基础。外此非分局性质而订特约者，山东有济南东方书社，山西有太原范华公司，福建有厦门新民书社，浙江有嘉兴嘉华书局，安徽有安庆大德堂，云南有云南东南书局等。同行往来，共达二千余家。销货机关，遍布二十八行省，远至日本南洋。以及欧美各国，均有经售处所，诚无远而不届也。兹将各分局之详细地址，经理姓氏，列述如下：

    南京分局　　南京花牌楼太平路，电话二〇四八一　　经理萧有年
    辽宁分局　　辽宁鼓楼北，电话三二六一　　　　　经理王余祥
    北平分局　　北平杨梅竹斜街，电话二二二四　　　经理王厚斋
    　　　　　　　　　　　　　　　　　　　　　　　副经理徐幼乔

天津分局	天津大胡同南口,电话五局一七六五	经理王厚斋
开封分局	开封北书店街	
广州分局	广州永汉北路	经理吕调卿
杭州分局	杭州保佑坊五号,电话六一七	经理柯周宽
长沙分局	长沙南阳街	经理俞逸仙
重庆分局	重庆售珠市	副经理江春声
汉口特约分局	汉口中山路	经理王余源
南昌特约分局	南昌中山路	经理罗芝仙
徐州特约分局	徐州大同街	经理徐召棠
汕头特约分局	汕头至平路	经理王守常
梧州特约分局	梧州大中路	经理张新钰
哈尔滨特约分局	哈尔滨正阳五道街口,电话三〇九五	经理赵仲勋
成都特约分局	成都商业场	经理付荣卿

出版成绩

本公司以出版为主要事业,十五年以来,无日不在苦心殚虑之中。在过去之十四年,截止十九年底止,差幸尚有相当成绩,据出版部所制之统计表,出版数量已达一千二百四十五种,而此一千余种出版物中,畅销者约可估十分之四五,有重版至数十次者,此虽本公司同人努力之结果,要亦一般爱读者之热心赞助,有以致之。去年,本公司鉴于市上缺乏良好之初中教本,乃延聘名家,出版初中教本一套,共为七种。问世以后,颇得教育界之同情,一季之中,仅初中党义教本,即销行至五万部以上,不可谓非出版界之盛况也。新近,初中本国历史及初中算术,已经教育部审定,今年秋季开学当必有更大之销数。惟此七种,尚未完全。本年仍拟续出英语、英文法、代数、三角、几何、物理、化学、动物学、植物学、矿物学、生理卫生学、乐理、唱歌等种,以成全璧。此外高中教本业在筹备,已出版者,业有高中党义、普通物理、人文地理三种。对于大学及专科学校各种用书,亦正力求完备,以期符合蔡元培先生"国化教科书"之旨。丛书部份,已出版及在印刷中者,则有"世界经济丛书""世界政治经济丛书""青年指导丛书""青年模范丛书""暨大法律丛书""百科常识问答丛书""市政丛书"

"边疆丛书""中国劳动政策丛书""国学门径丛书""现代文化丛书""新文学丛书""中央国术馆丛书""童子军丛书"等,内容俱极精当,足供各级社会应用。杂志现有《现代学生》《学生文艺丛刊》《科学月刊》《社会科学杂志》《新家庭》《戏剧月刊》六种,撰述者俱为当代名彦,极得各界欢迎。如《现代学生》之销数,逐有加增,已达四万余份之多,为全国杂志前此所未有,此诚本公司所可引为自豪者。近又筹备出版《现代女学生月刊》,与《现代学生》为姊妹刊物,相铺而行,想出版以后,亦定可得学生界热烈之欢迎也。其他已成之工作,可得而报告者,则如《指海》之发售预约,此书为金山钱氏所辑,都二十集一百六十册,原书价值三万元,现在影印发售预约,仅取百金。此外,又如《世界年鉴》《时事年刊》《世界现状大观》三大巨著已在排印中,不日即继《指海》而发售预约。盖本公司虽以营业为宗旨,而于营业之中,固在在以提倡教育、普及文化、嘉惠士林为职志,故一切出版书籍,俱以此数点为前提也。

印刷成绩

本公司印刷之声誉,数年以来,日有增高,较之出版,有过之而无不及,诚以本公司印刷所设备之完全、出品之精良,在在俱高人一筹;而为社会服务,又极恳切,凡承委印,对于精美廉速四字,无不一一顾到,故一经与本印刷所交易,无不啧啧称善,满意而去。但本印刷所初不敢因此自满,盖科学进步,机件之改善增进,出品之标新立异,无日无时不在递嬗之中,而该备管理之合于科学化,则尤为与文化推进有关之印刷业,所不能故步自封者也。准是之故,同人等辄夙夜辛勤,谋所以扩充改善之道。惟斯事体大,未容预陈,兹敬将过去之成绩述其梗概:

本公司印刷所工务方面,现分为铸字、排版、铅印、照相制版、雕刻、电镀、凹版印刷、凹凸版整理、彩色画石、彩色制版、胶版、石印、珂罗版、木工、装钉等十五部,而从印刷技术上之大体别之,则可以合作下列三大部份:

A.凸版印刷　凸版印刷术之最主要者为铅印,本印刷所现备有铅印机大小共三十余架,每月可出报纸三千令,及小件印品三十万张,若日夜掉换工作,尚不止此。此外,排版部份分作中文、西文两部,存铅料二十万磅,每月可出字八百万,照相制版部之三色版,尤为本印刷所得心应手之作,自用及外求者,纷至沓来,日不暇给,铅印部特备德国三色版机八台,专门供给此项印件,仍有供不应求之势,盖本公司之三色版,蜚声国内外,故无怪有此现象也。

B.凹版印刷　凡印刷品之用凹版印刷者,以有价证券为大宗,盖取其不易仿冒也。然印刷厂家能印此项印刷者,则全上海不过一二家而已。本印刷所设备此项印刷有年,现有手转凹版机廿余架,电转凹版机两架,及其他雕刻电镀等项制版附件俱备。历年承印国民政府印花、债券及各银行钞票,各商号商标。已获有重大信用。

C.平版印制　平版印刷术之种类最多,如珂罗版、金属版、胶版、彩色石印及墨色石印皆属之。本印刷所珂罗版之设备最早,而胶版及石印则始于民十九置备,虽各项设置业已完善,然因本印刷所出品精美,委印之件堆积如山,故机件仍感不敷应用。但现在金价飞涨,一机之价,在五万金以上,此时添置,似不合算,则只得待诸异日耳。其可幸者,则印刷界最新发明之七色照相铅皮,本印刷所已能自制,以后凡大量之胶版印刷品,俱可用七色照相铅皮印制矣。

附属机关

本公司有东方舆地学社及法律函授学社两大附属机关,东方舆地学社创始于民国十四年,聘舆地专家洪懋熙为社长,李长傅为编辑主任,所出版之《表解说明最新中华形势一览图》《世界形势一览图》年必重版十余次,可销行十万册以上。此外,又有《袖珍中国地图》《中华大地图》,及南京、杭州、上海各分区图,行销亦巨。年来更谋扩充,拟对于地理界有更大之贡献,除特约全国地学专家出版地理季刊外,并努力编辑各种关于地理之书籍,及各省分区图、小学用中国图等,现已有多种杀青,行将次第出版。今年,同人等因鉴于国人多懵于法律智识,而国府公布《高等考试司法官律师考试条例》第二条第三款规定"有大学或专科学校法律政治学科毕业之同等学力,经检定考试及格者,得应其考试",又《检定考试规程》第三条第二款规定"有大学或专科学校毕业之同等学力者,得应高等检定考试也",乃有法律函授学社之创设,聘请法学名家二十余人为教授,以汪翰章任社长、董康任教务主干,自揭布以后,报名入学者月数百人,此亦足见中国现在之知识荒实较饥馑困苦为尤甚;而法律之函授,实极合于现代之需要也。

中国出版家的使命
蒋梦麟

今世善于觇国的人,只要考察一个国家出版品的数量,便能断定该国的盛衰强弱。因为出版物绝不是普通的商品,而是代表一个国家的文化的,换句话说,就是代表一个民族的智力及其一切活动的记载。所以现时号称强盛国家的出版品,无不是蜂起云涌般的出现于世界。据统计家调查,世界上七大出版国在一九二九年所出书籍的数目如下:计德国有三万一千五百九十五种,俄国有二万一千五百八十一种,日本有两万零二百一十种,法国有一万四千九百四十三种,英国有一万三千二百零二种,美国有九千五百七十四种,意大利有五千八百零四种。回过头来看看我们中国出版品的零落,虽未能有确实的数目可以提出,但若与上述七国比较,其为瞠乎其后,可以断言。

中国开化甚早而进步甚迟,以致今日文化程度远不若人,国际出版同盟没有我们的立足地,这是何等可耻的一件事。所以现在中国出版家所负的使命至为重大,提高与普及国民的文化程度,同时是增进我们在国际上的地位,这都是出版界应负的责任。至于实际上的办法,我以为至少应有下列三种:

(一)尽量介绍外国名著　中国现时需要外国科学的智识,有如饥渴的人之欲得到食饮一般。只就高中以上各学校而言,有许多课程没有一部中文写的可以找得出来,致教员们不得不选用西文本子。而学生的外国文程度,又往往不够,感受无限的困难。现时中国的出版家,亟应选择欧美、日本有价值的各科书籍,尽量翻译介绍,以补青年们欲读无书的缺陷。吾国汉唐时代,有蔡愔、苏物、法显、玄奘等精心翻译佛典,佛教因得以大行于中华,儒家、道家之言均为佛说所浸入,学术思想受佛氏的影响益以深远。今代吾人当要欧美学术的殷切,何只什伯[百]倍于昔人之需要佛学。故追踪蔡苏法玄诸人的伟业,大批介绍外国的名著,确是中国出版家第一个重要的使命。

(二)努力本国学术著作　吾国原有书籍,如二十四史之类,非不"汗牛充栋",惜多散漫零乱,统系缺乏。衡以现代治学著书的标准,百无一当。其合于现代化的书籍,率由外人着我先鞭。例如,中国的古物,我们未能为有系统的研究,而法人沙望、英人劳斐替我们大著其书;中国的宗教,我们未尝有详博的考证,而荷兰人格罗替我们费尽心血;中国的地理,我们初未能根据科学方法去记录他,首先做这工作的是法人若可侣;中国的美术史,我们初无可读的书籍,而首先撰作的是英人爱铿、法人白罗克们。这还不过略举三四为例,其余各科学术比较有价值的,亦均由外国学者启其端绪。吾人在自己生于斯长于斯的地域以内,直接有关于我们生活的学术,尚须借助西人,宁不可耻!前此还可推托人才缺乏,著作能力不够,聊以自解。现在由东、西洋回国的留学生日渐增多,其能以科学方法撰作关于本国学术上的书籍的,当不乏人。这在乎出版家以合作精神善事征求而已。

(三)改进社会实际生活　出版界与社会人士的生活,本是息息相关的。因为一个人的生活,原有物质的和精神的两方面。衣食住行及一切用具是用以满足物质生活的要求的。至于出版物,是用以满足求知欲的唯一工具,即是占一个人的精神生活最重要的部分。所以出版家必须时时刻刻考察国人实际生活的状况,看他们目前所缺乏而最需要的出版品是什么,因以定出版的标准。令国人读了一本书,便有一本书的益处,身心方得安慰,精神生活方更圆满。美国大教育家杜威尝著《学校与普通生活》一书,力言学校教科书与社会隔绝的害处,因在芝加哥大学内附设一个学校,即以人类实际生活做工事标准。略分三部:一为手工,如木工金工之类,二为烹饪,三为缝织,而描画模型等都附属在内。即由此授以学理,如因烹饪而授以化学,因裁缝而授以数学,因手工而授以物理学、博物学,因原料所自出而授以地理学,因各时代各民族工艺及服食的不同而授以历史学、人类学等,以求学校与社会融贯一气。吾人尽可以杜威的方法应用于出版物,以求出版事业与社会生活打成一片。例如,因社会实业之不发达,就可多出关于改进工商农业的书籍;社会上失业的人多,就可多出关于职业指导和提倡勤俭与储蓄的书籍;国人身体太羸弱了,则多出体育书籍;国人生活太单调了,则多出美术书籍。总之针对国人弱点以图补救方法,使一般的苦闷生活得以逐渐改进,则国人受赐良多已。

大东书局创办迄今,对于中国文化已有相当贡献。今值十五周纪念,用摅鄙意如上,尚望本局同人能本着勇往直前的精神继续不断的努力,以完成出版家的使命,勿令七大出版国专美于前,就是鄙人所馨香祷祝的了。

出版界应有的努力
沈骏声

宇宙万象,人事万变,莫不为学术家智虑所及。然而负此学术,以深入社会,则非出版界之努力不为功,国家文野之区别在是,民族智愚之分途亦在是。窃以我中华五千年之历史,践世界文明之高峰,中古以来,代有发皇,乃自世界沟通以后,觉昔日文明之荣誉,今乃渺然无以自立。而彼后进诸国,踔厉奋发,浸浸然以世界为角逐之场,一日千里,势不可御。此奚故哉!一言以蔽之,曰:彼能为积极之孟晋,我则为消极之墨守而已。骏服务本局以来,蠡测所及,深知出版界责任之重大,实握文化渐进之枢机,十五年来,兢兢惕惕,不敢自忘其职志,然以频年内战,影响所及,收效未宏。兹幸约法告成,国事渐定,此后发展或易为力。复值本局十五周年纪念期,会宜有再接再厉之方策,谨就鄙见所及,缕述一二,傥亦为贤达所乐闻欤?

(一)努力介绍新知识　我国新知识之恐慌,实较饥渴为尤甚,穷僻之处无论已,即都会群众亦惶惶然以无书可读为虑。然试观全国出版界,鸿篇巨著及零星刊物之发行,不为不多,但其中或因时代之变迁,或因需要之不合,遂致失其价值,其真能助文化事业之推进,乃仅存什之一二耳。而此什一之书,则往往朝刊夕罄,每致供不敷求,现象如此,新知识需要之孔亟,可以知矣。故此后出版界所定之计划,首宜从此着想,凡现代之学术,均须作普通之绍介,国内不足,则求之国外,撷彼菁华,疗我饥渴,毋失时间,毋错标准,译述之工作,不容稍存忽视也。

(二)以国内需要为本位　世界学术,浩如烟海,不特合于昔者难合于今,即适于此者,未必适于彼。故出版界于取舍之际,必以国内需要为本位,始可无往而不利,如科学可以救国,而我国以商工业所需者为尤亟;平民教育为救济知识恐慌之良药,在吾国为尤甚;其他如优美之文学,高尚之艺术,虽不足谓即全民之教育,然亦可供一部份民众之浏览欣赏。凡此种种,出版界如能举一反三,缓其所缓,急其所急,则今日奄无生气之文化事业,十年以后,未必不因出版界努力之功,而突飞孟晋也。

(三)加快出版以应需求　出版界所负之使命,既如上述,然迅速出版,亦为要素之一。盖一种学术之确立,在研究者本已穷年累月,始获此结果,其心中之欲亟于贡诸社会,正与社会之企求其学术之发表相等。故出版界允宜运用最敏捷之技术,俾在短时间内,得公诸社会,此不特为文化运动所应采之方策,抑亦我知识恐慌下之民众所渴望者也。

(四)大量供给、减低成本以期普及　自金贵银贱以还,凡百企业,无不因受汇兑之影响,而成本昂贵,揆之出版界何独不然。然此种现象,只能为一时之隐忍,未可任其作为永久之定律。盖出版界既握文化之枢纽,出版物之成本既昂,则社会之购买力,势必薄弱,长此以往,则所谓发皇文化、普及教育之语,讵非等于梦呓欤？故为出版界自身计,亟宜利用科学、利用机械、利用空间,以缜密之步骤、新颖之思考,大量出书,以期减低成本,庶几进可与国际抗衡,退可普及社会之需要。如是,则我国文化之前途,庶几其有豸乎。上述荦荦四端,虽不敢自谓独得之秘,亦属经验中语,用据所怀,借以自励,愿与出版界同人共勖之。

出版事业与国际平等

孟寿椿

政治家的忙碌,教育家的努力,实业家的苦心经营,革命先烈的奋斗牺牲,以及一般国民的孜孜工作,可以说无一人不是在殷殷希望,将我们的国家做到国际地位平等。考究现时,我们的国家在国际地位上,何以未得平等？这个问题原因虽然复杂,可是一般人都以政治不良,以致财力不富、武力不强,受了不平等待遇,而无如之何,为其主要原因。其实,政治不良,尚属其次问题,文化低落,才是根本原因。

政治力量的发展,必需要文化力量为之基础。文化力量的发展,必需要政治力量为之扶助。这两句话是事实问题,想来谁也不会否认。我们有了十足的政治力量,固然别国不敢再轻视了,可以得到平等待遇。但是别国未必佩服,不佩服的平等待遇,算不了真的平等待遇。不如有了十足的文化力量,贡献世界上去,引起别国的佩服,由佩服得来的平等待遇,才算是真的平等待遇。何况若无十足的文化力量为基础,十足的政治力量是万难办到的。可以说国家的政治力量,好像一个人的力气,国家的文化力量,好像一个人的智识,一个人被别人轻视,与其谓为力气不强,不若谓为智识不够。一个国被别国轻视,与其谓为政治不良,不若谓为文化不够。所以说文化低落的国家,要求国际待遇的平等,好似粗俗的乡下人,妄想和时髦女子讲恋爱,十分之九是会失败的,反过来说,究竟要怎么样才能得到国际地位的真平等呢?可以摘要的回答:"努力文化事业,是唯一不二的法门。"

我们中华民族,在过去悠远的历史上,对于世界文化,确有不少的贡献。如火药、印刷术、指南针等的发明,舟车、房屋、衣服等的应用,图画、音乐等美术,史籍、辞章等记载,以及伦理、道德等学问的研究,无论物质方面或精种方面的文化,皆足以引起当时别国的钦佩。所以在过去时代,能够享受优越的国际地位。近世纪以来,我们这老大民族,着实有些不长进。与别国比较起来,文化地位竟至低落了,甚且弄到别国看不起了。这句话或许有人责备我说得过分一点儿。可是这是事实,并不是自己菲薄自己。第一宗,拿出版权来说,国际出版同盟,我们大中华民国是未加入的。虽则得了可以翻印别国出版物的小便宜,这却是被别国看不起的明证。第二宗,拿一件关系美术的事体来说,曩年在美,曾读著名地理学家汉丁敦氏(Huntington)所编《各国美术思想比较表》,分别等第,以百分为最高级,法国独占此席,其余欧美大小诸邦,各得分数不等,东邻日本亦得九十分,独于我拥有数千年历史的中国,仅列国名,而分数则付诸阙如。当时见着他这样岐[歧]视我国,心中颇为愤懑。因想汉氏曾来我国游历,对于中国文化并非懵无所见者比,为什么一点儿分数也靳儿不给?后来见着他,很不平似的质问他,他答称:"我并非有意和中国过不去,实因中国旧有美术品散漫零落,使外人无从稽考,找不出一个评判的根据来。至于近代美术,中国才在萌芽,自然比不上人家,勿庸讳言,所以在表上未便给予分数。"我听了他的这些话,为之爽然若失者累日。我国的美术思想,何尝应该落第?不过仔细想来,散漫零落使外人无从稽考,则确乎不错,不但外人无从稽考,即本国人又何尝容易稽考呢?结果还是自己的不是,人家看不起我们,要他不公平的待遇,何足为怪哩?这两桩小小事情如是,推之其他文化事业,无论关于物质方面的或精神方面的,几乎无不如是,试一自问,我们对于世界文化上的贡献,近代来有些什么?便可想见我们文化的程度了。不但与别国比较起来难乎为情,就是对于自己的祖先,也未免惭愧罢!

可是我们文化的低落,并不是祖遗的旧文化无价值,也不是人民的脑力够不上接受近代的新文化。可以说，旧文化零落散漫，缺乏集中与整理，不能充分作用；新文化可望而不可及，缺少介绍与宣传，不得充分作用。如果要努力于文化事业，便要从这集中与整理旧文化及介绍与宣传新文化着手。这是谁的责任呢？固然谁也有责任。负有促进文化使命的学者及专门家自不待言，尤其是共同负有促进文化使命的出版界责无旁贷。因为出版是文化的表现，出版发达的速度，可以代表文化进步的速度。在这应该积极努力文化事业去挽回国际地位的时候，出版的需要更是急切的需要了。

大东书局于过去十余年间，既造成了光荣的历史，今复大加扩充，愿偕出版界同人共同努力，以求有裨于中国的文化，自然是深可庆幸一件事。所以当这十五周纪念的吉辰，我忝为本局总编辑，敬谨的把贡献世界文化和挽回国际地位的真平等，两个重大责任赠送给他，希望他担负着大踏步的前进，于最近期间跑到了目的地，然后回头来接受国民的欢呼罢。

我对于中国出版界的希望

章衣萍

数月前，胡适先生来上海，住沧洲饭店，我同两个出版界的朋友去看他，谈及上海出版界的情形。胡先生很神气的说：

"出版事业是操青年生杀之权的。几年来，中国出版界表面上总算热闹了，青年们也比较从前肯得买书，但是好书出版的实在不多。出版界对于青年是很有权的，我希望出版界的人要善用这些权，不要专为了牟利，应该给青年一些益处。耶稣说得好：需要面包的，不要把石头给他……"

胡先生的话引起我们很大的感触。近来我常常想：中国出版界的有名书局，有几个不把石头来当面包出卖的？我们又要问：我们这些以著作为职业的人（恕我僭妄的说这句话），近十年来中国出版界的著作，无论哲学、科学、文学，有几本能在国际学术界占一个位置的？有几本能给青年们一些益处的？

我们放眼看看欧、美、日本出版界的情形，不由的令我们十分惭愧。

我们觉得中国出版界不免有趋时髦的习气。社会科学书籍流行了，大家出社会科学书籍；学生丛书流行了，大家出学生丛书；《小朋友》流行了，大家又赶着出《小朋友》。

我们要改造这赶时髦、凑热闹的习惯，对于中国出版界不由的抱有两种希望：

第一，是希望把著作的内容提高。无论政治、道德、法律、艺术、科学、文学的著作，都应该以现在及未来中国的实际需要为中心，参考世界最新学说，充实作品内容，提高作品价值。

第二，是希望把刊行本的价格降低。参照日本及欧美"普及本"办法，以最廉价格，使国民容易购买。

为了要实现以上的希望，我们需要一些有理想、有计划、有远大眼光的出版书局。

因为出版事业是操青年生杀之权的。出版界的势力可以转变青年思想，改造社会习惯。所以我们希望能有一些有理想的出版书局，出版许多积极的、科学的、使人向上的书籍。

因为出版界有趋时髦、凑热闹的习惯，所以我们希望一些有计划的书局，执行以下的几个计划：

一　大规模外国名著的翻译；

二　有系统的中国旧书整理；

三　有价值的政治、道德、法律、艺术、科学、文学的新著作之刊行与奖励。

因为出版界关系一国文化的前途，所以远大的眼光也是重要的。古人说："十年树木，百年树人。"出版家不应该专注重书籍一时的销路，应该把眼光放远，印行一些造福社会、有益人生的书籍，促人类进步，谋出版事业的永久发展。

大东书局为吾国有名的出版书局。近年以来，总经理沈骏声先生、总编辑孟寿椿先生努力发展，有理想、有计划、有远大眼光的刊行各科书籍，嘉惠社会，声誉日隆。兹际十五周纪念，我忝为本局编辑，敢把个人的一点愚见写了出来，供给出版界诸君的参考，并祝大东书局千秋万岁，进步无量！

一九三一，四，十一。

普及法学之重要

汪翰章

社会演进,人事日繁,生存竞争,靡时或已,欲纳诸正轨,厥维法律。法律者,实维持人类生存之要素也。苟无法律为之维持,则强凌弱,众暴寡,各逞其私,冀餍其欲,长期斗争,纠纷不止,社会之秩序弗保,公共之幸福云亡,而人类之道苦矣。是法律之力,小之可以拘束个人越轨行动,大之可以解决世界一切问题。故国际法可以解决国际纠纷,宪法可以解决国内政治,个人之一切活动,则以国内公私法为其准绳。是世界、国家、人类,皆为法律之力所弥满,亦即为法律之力所维系。法律与人生关系至密,不可须臾离,其性质之重要有如此者。

况当此党国政治将由训政而递入于宪政,民众即将直接行使四权,其于创制复决二权之行使,尤非民众普遍具有法律知识,不克奏效。乃环顾吾国出版界之于法律书籍,数量既寡,精撰亦稀。社会之需要方殷,译著之图谋斯亟。翰章主持大东书局法制部,任事以来,敬聘海内法学名家,共同致力于法学,各以其研究之所得,著为专集,贡献国人。深冀吾国一般民众,皆可得法律之普通知识,故有民众法律丛书之编著。其有兼事法律之研究,而不克入校讲习者,则有法律函授学社之设立,俾读者手此讲义,可资深造。至于学已专精,欲事参政,则有国立暨南大学法律丛书之发行,俾潜心法学之士,得探求法律之精髓。犹恐国人之职务纷繁,无暇专攻,而欲以短少之时间得法律学识之纲领,又须待用而无遗也,将更有法律释义及问答等书之刊行。引据学说,务求最新至当,论列法理则期精粹简赅,叙述说明必使明了浅显。翰章不敏,竭力以从,深愿唤起全国民众之法律意识,引导全国民众之法律思想,使全国从此入于法治之境。惟力小任重,深虑弗逮,邦人君子,有以教之!

法律和信仰

戴修瓒

人类初生的时候,便营社会生活,有了社会生活,便有法律秩序,因为人类不结成团体,共图生存,种族便不能存续发展,所以先哲荀子说:"人生不能无群。"但是社会生活,显有两种矛盾的现象:一种是相扶相助,共同生活,这叫做协助现象；一种是生存竞争，难免争夺，这叫做斗争现象。法律秩序，便是调和并限制人类斗争，使适于社会生活的工具。所以先哲荀子又说："群而无分则争。"这样看起来，法律的生命是永远不灭的，是必然遵守的。可是法律的内容和色彩，却随时代而变迁，没有止境。若是当变迁时代，对于新生潮流不力求适应，或对于新颁法律不切实推行，那末，法律终成具文，社会生活也难圆满进行了。故法律贵有信仰，没有人民的信仰，便难生法律的效用。说到法律信仰的发生原因，不外有力政府的推行和法律知识的普及。关于有力政府的推行，就历史看来，显而有征。譬如，我国的唐律、明律，法国的拿破仑法典，都是鼎革之后，赖有强有力的政府切实推行，才能使人民渐生信仰，垂为典章。又譬如，我国北政府时代的旧约法和新约法，都是因政府毫无力量，并且自己也无遵守诚意，不过当作一种装饰品，所以人民也没有信仰心了。现在我国情形正值变迁时代，而我国民政府所颁法律，又富有新时代改造的精神，将来能否使人民发生信仰，全靠强有力的中央政府切实推行和诚意遵守，我们毋庸过虑的了。关于法律知识的普及一层，这是法律家们应有的努力。因为我国法律界受了概念法学派的余毒，只就现有法条解剖分晰，就算尽了研究的责任，那法律的目的和实际的生活大都置诸不问。所为解释与判决，不但是多和国民思潮两相背驰，并且比照实际的生活也觉迂远。尤其是我国的法律多是继承外国的，一般民众多不能了解，想要参考法律书籍。而我国出版法律书籍，又多专谈玄妙理论，难合实际情形，使读者愈看愈糊涂，对于法律，那里还有信仰发生呢？所以注重目的法学和利益法学，探求活泼泼的法律，务使适合于变化无穷的社会生活，并且用通俗文字，著为浅说，使一般民众，均得了解现代的法律精神，渐生信仰的念头，这便是现在研究法律人们的重要任务。大东书局以前对于出版界确有很多的努力，对于文化方面也有不少的贡献，现任更努力于法律书籍的出版，发刊法律丛书，创办法律函授学社。我很希望他树立新法学的基础，导生人民的法律信仰，以促成法律知识普及的工作。

新中华法系之树立

郭 卫

中华法系为世界各大法系之一,具有悠久之历史,肇基于唐虞,成熟于秦汉,至唐而集其大成,宋以后因袭而已。惟以专事因袭,乃无进步,虽具有特殊之精神,而不能与后起之大陆英美诸法系相颉颃,以发展其势力。至今日转以大陆英美诸法为圭臬,而从事继受。考其所以专事因袭而不求进步之故,不外两点:一因我国自汉魏以还,表彰儒术,黜斥刑名,故儒者不谈法律,法律仅胥吏相传习耳;一因历来观念之错误,谓出乎礼则入乎刑,凡不为道德所许者,则应受刑事之制裁,即违反契约亦认为应负刑事责任,故历代以来只有刑法而无民商各法之制定,法律范围既狭,遂更无发展可言。此我旧中华法系所以不能适应于今日繁复社会之需要,且不能不急起而树立新中华法系者也。新中华法系之树立,始于民元而成于现在。国民政府立法院已将民刑及诉讼各重大法典次第制定,民商合订,限制个人权利,注重社会公益;改定亲属系统,男女悉予平等;规定婚姻条件,订婚完全自由;他如不设宗祧继承,以泯嗣续之争;增设限定继承,而免子孙之累;民事厉行和解,刑事准许自诉,皆为新中华法系之特点。准诸今日政治社会状况,能否悉相吻合,默察世界未来趋势,如何尽力改良,俾跻新中华法系于发扬光大之域,则讨论批评,法界同人应不能稍卸其责。不学如我,亦欲藉大东书局之刊物而有所论列。惟本刊以篇幅所限,只得俟之异日耳。

法律民众化

石 颖

欧美各国竞尚法治,故国家之安宁可保,社会之秩序井然。我国近年以来,战乱频仍,教育落后,人民之知识幼稚,日常之纠纷益多,推厥原因,非国家不崇尚法制,实人民不解法律之过也。诚以法律为行为之准绳,不解法律则如盲人瞎马,危险实多,且国人知法者鲜,则少数份子得以曲解法律,压迫群众,驯至贪污土劣,有所恃以诈虞;乡曲小民,转无辜而受害,是有法不如无法,法治云乎哉?有识之士,始力求法律民众化,盖法治之精神重在守法,而守法又必以民众能了解法律为条件也。

虽然，我国法律，多继受外国法例，非法学专家不易窥其微奥，欲求普遍之灌输，非著作家与出版界之努力不可。

大东书局创业十余年，出书数千种，阐扬文化，不遗余力。近复注重法学书籍，发行国立暨南大学法律丛书及民众法律丛书，附设法律函授学社，皆所以谋法律民众化，提起法治精神者也。兹值十五周纪念，书此志庆。

时代思潮与出版家——为大东书局十五周纪念而作

杨幼炯

人类文化之进展，常随其时代思潮而变迁；学术之发皇，又全赖出版事业之精进。近百年以来，世界学术日新月异，而出版事业之发达，更觉光芒万丈，不可向迩。吾国向来闭关自守，自西力东渐以后，学术界蜕变革新，蔚然成一时大观，而影响所及，于吾国出版事业上亦渐有更新之象。惟回顾二十余年以来，出版界尝未能与时代思潮相表里，以致处此时代更新之际运中，吾国学术上迄无伟大之收获。吾人以为学术思想必有赖于出版界之努力，始能有充分之发展；而吾国过去出版家往往甘落人后，不能为时代之前锋，实为吾国学术思想发展上最大之症结。故吾人今日甚望吾国出版家改弦易辙，毅然以宣达文化与提高学术之使命自任，不固步自封，以期成为促进吾国学术之中心势力，此则读书界一般之愿望也。

近年以来，吾国社会进化速率加紧，社会变乱复层迭而起，国民经济一落千丈，以致出版家受物质之压迫，更日趋于萎顿。年来定期刊物之延期与书籍出版数量之减少，在在令人对于出版事业生无穷之杞忧。乃于此种时会中，大东书局复本其在出版界悠久之历史与旷大之眼光，以再接再厉之精神，为扩大革新之计，吾人于此，弥觉欣幸。今从不绝如缕之吾国出版界中已有一线之曙光，则学术前途之发展，更有赖于本局者甚大。今者适当本局十五周年纪念之期，敢以平日感想与对于出版界之希望，略为缕述，聊作野人之献芹，藉志作者对于本局庆祝之微意也。

《现代学生》的使命——为大东十五周年纪念作
刘大杰

我们永远相信,在现在这个危流急浪的时代里,只有青年的学生们,才是国家社会的中坚人物。我们这个国家的一切的责任,都搁在这些有望的青年们的肩上。可是,最近几年来,在学潮、政潮、恋爱潮以及种种思想的波涛中,一般的学生们,无论在内质与外形,都一天一天地退化了。造成这种局面的原因虽多,现代青年们缺少着良好的精神的粮食——课外读物——也是此中重要原因之一。因此,《现代学生》这个刊物,就因这个时代的需要而产生了。

眨眨眼,这个小小的孩子,又快满周岁了。在这一年中,因社会人士的指导,专家们的撰稿,尤其是四五万个热诚拥护的亲爱的读者,使我们这个杂志,得到了意外的成功。可是,我们并不因此而自满,我们更觉到本刊使命的重大,更觉到一种事业的前途的艰难。我们更要努力地做下去,使本刊的二卷、三卷……一年一年入于完善之途。我们愿把这个刊物,贡献为全国学者们的园地,而成为一个全国学生界最良好的课外读物。但是,我们的力量过于薄弱,不得不真诚地期待着读者们和青年的朋友们的批评指导和援助。

我对于大东书局的感想和希望
凌善清

大东书局创办至今,已十五载了,我国向时称十五岁以上的孩子为成童。大东书局当此成童之年,适逢总店新屋落成,这是多么一件可喜的事啊!我是一个在局服务较久的职员,鉴于这十数年来创办人的惨淡经营,诸同人的黾勉工作,从困苦艰难中努力奋斗,今日才能在出版界占得一席的地位,对于过去的历史,总算有一点小小的成绩。这是我们于庆幸之余,更值得纪念的!

但是我还有一点感想:文化与战争是立于绝对的地位的,国内多一次战争,文化即多受一次摧残。大东书局产生之后,自皖直之战起,差不多每年要经过一次大战,出版界迭遭打击,受着极大的损失,而大东书局当然不能例外。虽赖吕、沈、王诸先生本其经验毅力,从困难的环境中挣扎而还能得到相当的发展,但这十五年来如不受战祸的影响,我信大东书局对于文化上的贡献当尚不止此。

古人有两句话："其作始也简,其将毕也巨。"大东书局既承社会上的好感,和办事人的努力,由偏狭的规模逐渐发展而到现在的局面,则此后同人的责任的加重,自不待言,所以我希望以后对于编辑上、印刷上、推销上,当以世界的眼光,作沉着的进取,一德一心,通力合作;一方面还望国内和平统一,永远不发生战事,那末将来之十五年的进步,自当十百倍于现在,庶几在营业方面可以不负股东付托之重,在文化方面亦可不负社会期望之殷,这是我所希冀而祷祝的!

十五年的心血结晶

周瘦鹃

我的庭子里有一棵小小的松树,用瓷盆种着,枝儿虽还是细细的,似乎有些弱不禁风的样子;但是姿态婀娜,极其美观,一枝枝的松针,好像是用翠玉削成似的,苍翠欲滴。我本来是最爱花木的,见了这一盆美的小松,简直从心坎里爱出来,于是我打定主意,定要好好地培植它,使它一天天长成起来。过了一年,就可以脱离这小瓷盆,而移到那较大的花坛中去。再过了若干年,也许花坛里也容不下它,而要移植到园子里去了。再过了若干年若干年,这一棵小小的松树,也许会盘根错节,虬枝擎空,变成了栋梁之材。可是我自打定了这主意以后,就在培植上痛下功夫,早上一清早起来,忙着灌水;中午太阳太热了,恐怕晒坏了它,急忙移入屋子;在屋中放得久了,又恐怕闷坏了它,夜间即忙移出来,给它吸受露水。但是松树实在不容易培植,泥土太干也不好,太湿又不行,因此一年以来,我虽小心翼翼的给它服务,不知将来可能成为栋梁之材么?我想只要耐着心,一年年把心血注在上面,那么经了十年、十五年,说不定这一棵小松,真成为栋梁之材了。

栽松原是一件小事,卑卑不足道的,然而以小喻大,办一件事业,也正如此。别的不说,单说我们的大东书局,在十五年前,也恰像瓷盆里一棵小小的松树,根基很小,而材却可造,仗着吕子泉、沈骏声、王幼堂三位先生经之营之,一年年的发扬光大起来。十五年间,不知费了多少血汗,多少心力,才有现在这样的伟大的成绩。所以这一所大东书局,就是他们三位先生十五年的心血结晶,若以松树作比,早已成为栋梁之材了。来日方长,进步无穷,大东书局目前的伟大,还不能引为满足,大家须得加倍的努力,使它蒸蒸日上,成为宣扬中国文化的最大的机关,虽至数十年、数百年后,大东书局仍是岿然存在,分局遍于世界各地。这些话虽觉得言大而夸,但我们不可不抱此希望,此刻且搁下笔来,唤三声大东书局万岁吧!

编　　后
骆无涯

大东书局自民国五年创业迄今,已整整的十五年了,从现在的成绩就可以看到这过去的十五年中,辛苦经营,是何等的不易。无涯于民国九年,进局服务,荏苒十年,对于过去的种种甘苦,最少也有一部份领受过。觉得做一件事情,从开始到成功,处处都不能放松一步,要有百折不挠的精力和毅力,然后才可以有巨量的收获,倘然含糊处理,失败就在眼前。尤其是我们经营出版业的,任何事情都比别的事业来得繁碎,一点不当心,便会一部份因之而停顿,甚而至于全部份的事情也受影响。就拿我编这一本纪念册来讲罢,看看是这一本小册子,但是一方面要索稿,一方面要索照片,稿子和照片没有来的,便要去催,甚而催到四五次还没有到的。等得稿子和照片都齐了,那末一方面去做版子,一方面计划排样,同时又耽心着是否能在一定期间内出版,这一点点事情,直麻烦了我二三个月。现代这本纪念册总算出版了,在我自己看来,简直无一是处,只不过虚耗了本公司的若干公帑而已。然而我却因此更觉得我办了这一件小事情已经如此不易,那末我们公司中的创办人吕、沈、王三先生把本公司发展到如此地步,那更是煞费苦心咧!

原载《大东书局十五周年纪念册》1931年

1932年

大东书局案头日历畅销

本埠大东书局精印各种日历,每年销数逾十数万以上。今岁该局仍续印常识、爱情、卫生、快活等有[四]种,选词恰切,印刷精美。自发售以来,已销去数万之多。近届历年底,购者更多,惟因存货限四[显示],如此畅销,殊有供不应求之势云。

原载《新闻报》(1932-01-01)

大东书局股份有限公司举行股东年会通告

兹定于七月二十四日(星期日)下午二时起在上海北福建路二号本公司总厂举行第八届股东年会。(一)报告上年账略;(二)报告营业状况;(三)决定分派二十年度盈利;(四)修改本公司章程;(五)选举董事监察人,届时务祈各股东早临为盼。除专函通知外,特此公告,再自发报之日起至开会日止,停止股票过户,合并奉闻。又各股东通讯地址如有变更即希函知本公司更正为要。

大东书局股份有限公司董事会启
二十一年六月二十三日

原载《中国新书月报》1932年第2卷第6期第34页

大东书局发给股息及红利通告

本公司第八届股息及红利,兹定于九月十一日起开始发给,希各股东带同印鉴及息单到四马路本公司总店支取。外埠股东可于第八届息单加盖印鉴并将全息单寄至上开地点,当将股息红利连同剪剩之息单寄还,特此通告。

大东书局股份有限公司董事会启

《中国新书月报》1932年第2卷第8期第46页

中华地学会登报催告大东书局

该会因大东书局违背契约，特聘赵琛、葛之覃两律师代表登报催告大东书局经理沈骏声，兹原通告如左：

兹据中华地学会执委兼总务主任葛绥成君声称，敝会于去年五月间与大东书局订立合同，将所编《地学季刊》交由该局印行出版。讵该局不遵原约履行，直至本年七月始将第一期出版，而定价超过四角以上，已属违背契约。尤可异者，发行人改为洪懋熙，印刷所及总发行所均改为东方舆地学社，显有蒙混影射情弊，查与合同（一）（二）（四）（六）各款所载不合，迭经去函要求更正，未据圆满答复，除出版迟延部分，另依法保护等语合代登报催告，仍希三日内明白答复，是为至要。

《中国新书月报》1932年第2卷第8期第47页

上海大东书局呈请通令采用该局初中教本*

训令月字第四二四号

令省私立中等学校（不另行文）

为据上海大东书局呈请通令采用该局出版经部审定之初中教本转令酌量采用由。

案据上海大东书局股分有限公司经理沈骏声呈称："查本局出版之初中教本为国文、历史、算术、平面三角法、党义、代数等书，均先后呈经教育部审定，并分别奉颁执照有案。本局虽承战后影响，以事关教育用书，于印刷校订工作仍力求完善，绝非仓促出书应市者所可比拟。故江西教育厅于全省中学校长会议时，指定采用达十有余种，以学校教本。如未经审定，与新课程标准或多出入，学校采用时，难免有惑于广告不加深察者，殊失教育部审定之原旨。为此备文呈请钧厅准予通令各省立中等学校及各县教育局转饬各校一体采用，以重教育而免遗误，实为德便！"等情。据此，除分令外，合行令仰该校酌量采用！此令。

厅长夏元瑮

中华民国二十一年十月廿五日

原载《湖北教育厅公报》1932年第3卷第13期第37-38页

大东书局开设特别廉价部

大东书局自开办迄今已历十三周年，所积存之破面、污损、水渍各书，以及各种不全另本杂志，不下千余箱。兹特如数检出，在四马路总店设特别廉价部，便宜发行。每种每扎自一分起，有不到原价一折者，如化洋一元，可得书十余大扎。

原载《申报》(1932-06-06)

大东书局股东会纪

大东书局股份有限公司昨在北福建路总厂开第八届股东年会。到会股东八十六户一千九百八十二权，于下午四时开会如仪，推举董康为临时主席，报告上年营业状况，并提议各案，末选举第九届董事监察人，于六时散会。

原载《申报》(1932-07-25)

新生活小学教科书出版

大东书局为谋辅助教育普及、培植国家人材起见，在中学教本陆续出版之际，即进行新生活小学教科书之编辑。惟兹事体大，进行颇为不易，编著、绘图、缮写、印刷等等，无一不须慎重考虑。经一年来之努力与奋斗，幸各书已可于秋季开学前陆续出版，计有国语、算数、社会、自然、美术等五种，其编辑者均为课程编订委员会委员，依据最近课程标准编辑。所取材料，纯以儿童实际生活为中心，并注重于能适应新的环境的生活。且其教学做法之编著方法，亦与通常之教授书有别。虽教师经验不同，儿童能力差异，但如利用教学做法所述各种方法进行,即可感到教学做活动自然的兴趣。诚新课程标准将颁布前之一套完善初小学教科书,而站在时代之先,不愧称为新生活者也。

原载《民报》(1932-07-27)

大东书局新到口琴

德国和来真美善口琴,为中华口琴会会长王庆勋氏所监制,分四十孔、四十二孔、四十六孔三种,音乐准确,声韵和美,为口琴中之标准口琴。较之仇货音簧不洽者,大不相同。今由四马路大东书局运到大批,廉价发售。又口琴学社出有《口琴吹奏指南》一书,选辑甚精,现亦由该局独家发售。

原载《申报》(1932-08-04)

《戏剧月刊》"谭鑫培号"

大东书局印行刘君豁公主编之《戏剧月刊》三卷十二期"谭鑫培号",于昨日出版矣。内容完美,计有谭老与田桂凤、余玉琴之《翠屏山》,与王瑶卿之《南天门》,独摄之《黄金台》等剧照。又卅年前乘骡车摄影、塑像摄影,其子小培之《连营寨》,其孙富英之《珠帘寨》,小培、富英便装照各一,佐以名伶脸谱六,及杨啸天、陈彦衡之题字,并有张次溪、何海鸣、谢素声、翁鳞声、方问溪、景孤血、冯小隐、张九畹诸君之文字多篇。每册售洋四角,可谓价廉物美。

原载《民报》(1932-10-22)

大东书局举行七五大廉价

大东书局为鼓励全国人士读书起见,特自十月二十四日起,举行七五大廉价五星期。凡向售实价及九折书籍,一律七折;向售八折、七折、六折者,一律五折。如外版、寄售、教育、文具以及自来水笔等,亦一律九折廉售。另备有非常廉价品,每星期陆续更换。闻第一星期廉价品有书籍、文具十余种之多,如派克华尔自来水笔、真善美口琴、四号风筝蜡纸、东方稿纸等。其廉售价目,有不到原价三四折者。而高等网球、国光牌复写纸,更特别廉售,买一送一,以一千件为限。如此良好机会,实不易得,想届时定有一番热闹云。

原载《申报》(1932-10-24)

大东书局征募家庭教育股

蔡元培等演讲家庭教育问题

年来吾国教育废弛,种因不一,而家庭教育之不甚重视,厥为最大根原。本埠大东书局有鉴于此,今岁适逢创业十六周年纪念,爰征得国内名流、教育专家百数十人之赞助。于未收足之股额中,征募家庭教育股一千股,使一般为家长者得有研究家庭教育之机会与教育儿童之工具,藉谋家庭方面与公司之通力合作。其办法以五年为期,每股国币一百元。凡认家庭教育股者以五股为一单位,在五年内凡家庭教育股之股东,每一单位除享受普通股东之利益外,并按月赠与价值四元左右之家庭教育用书及用品。倘以五年合计,价值约达二百五十元,较之各银行最高利率超出数倍。征募以来,参加者颇为踊跃,而各界函电询问者尤日必数十起。该局并备有说明书,以便函索。并闻该局自今日起,特设家庭教育讲座,敦聘教育界闻人演讲各项家庭教育问题,假中西药房电台播音。其第一周播音节目,第一日讲题为"家庭教育是学校教育的基础",主讲者蔡元培先生;第二日讲题为"父母对于家庭教育应负的责任",主讲者暨南大学教授程俊英女士;第三日讲题为"我的家庭教育观",主讲者大夏大学主任教授王国秀女士;第四日讲题为"对于中国家庭教育的回顾和将来的希望",主讲者上海市党部执行委员陶百川先生;第五日讲题为"家庭教育的实验",主讲者工部局教育处长陈鹤琴先生;第六日讲题为"家庭教育应如何实施",主讲者大夏大学教授董任坚先生;第七日讲题为"家庭教育与民族前途",主讲者中华职业教育社主任江恒源先生。播音时间为每日下午四时至四时十五分云。

原载《民报》(1932-12-01)

大东书局家庭教育股近讯

大东书局征募家庭教育股,发表仅旬日,各地认附者已纷纷不绝,达一百单位以上。该局额定只二百单位,照此情形,恐截止期业已不远矣。其所附设之家庭教育讲座,昨系由法律函授学社社长汪翰章主讲,讲题为"家庭须知的法律常识",其演讲主旨系照《民法》上规定父母对于子女的权利与义务而引申之,酣畅淋漓,颇足供一般为父母者之参考。闻今日主讲者为心理学专家、现任暨南大学教授之张耀翔先生,讲题为"儿童心理问题"云。

原载《新闻报》(1932-12-09)

大东书局家庭教育讲座播音讯

大东书局家庭教育讲座,因中西药房电台扩大,故暂停两日。昨日该电台工程已告完竣,乃继续敦请留法教育专家舒之锐女士主讲,讲题为"中国与法国家庭的比较",其演词略谓法国家庭的优点,组织单纯而有力。其主人与主母,均能各尽其职,即丈夫能努力担负家庭的经济责任,而妻子对于丈夫亦甚恭敬而能治家,使男子既无内顾之忧,而终日辛劳,回家以后,尤能感觉舒服与安慰。我国大组织的旧家庭既不能相提并论,即现代所谓摩登小家庭也就大不相同。因为中国号称新家庭的主妇,有法国妇女的奢侈习惯,而无其耐劳性,故往往使其丈夫有失望之处。语颇肯要,足为中国家庭组织,以资取法。惜演词冗长,不及备载。闻今日系由大夏大学教务长鲁继曾先生讲"家庭教育的价值"。

原载《申报》(1932-12-17)

大东书局家庭教育讲座特讯

大东书局家庭教育讲座,昨日第十七次播音,主讲者大夏大学教务长鲁继曾先生,其讲题为"家庭对于教育之间接的和直接的贡献"。大意分四点:(一)家庭之重要性;(二)家庭对于教育间接的贡献:(甲)儿童乃家庭生活之中心,

(乙)儿童有出生健全之权利;(三)家庭对于教育直接的贡献:(甲)生活上各种基本的知识和能力,(乙)智力的增进,(丙)家庭与学校之合作;(四)结论。鲁先生完全根据教育的科学的研究而言,其价值可知。闻明日为法学士屠坤范女士讲"当代妇女应负的责任"云。

原载《新闻报》(1932-12-18)

大东书局发售一元货文具

大东书局于前日起发售一元货文具,其价值之廉,真有意想不到者。货品计有十种之多,如雪耻笺一本,西式彩信笺一扎,纪念日记一本,一○七,狮牌铅笔半打,湖南小楷羊毫一支,一两中山墨一锭,中号拍纸薄半打,白玫糊精一瓶,大华墨水一瓶,G字钢笔尖一打,原售实价需一元五角以上,连日发售以来,购者甚众,大有供不应求之势。

原载《申报》(1932-12-21)

郑通和播音演讲家庭教育

大东书局家庭教育讲座,昨日为上海中学校长郑通和先生演讲,讲题为"家庭教育中的儿童解放"。其演词略分四大点:(一)我们要解放儿童的口;(二)我们要解放儿童的手;(三)我们要解放儿童的足;(四)我们要解放儿童的胸。末后阐发儿童解放的种种原理。郑先生为教育专家,故所言均根据教育的科学的研究而言,其价值可知。

原载《申报》(1932-12-27)

1933年

大东书局之儿童节纪念

四马路大东书局,今春新出版之儿童读物,有四五十种之多,并定有分月出版计划,预计五年之中,可以出至千余种。兹届儿童节,特举行纪念,将各新出版之儿童读物,一律照原售价六五折出售,并备精美用书、用品、玩具、糖果等一万件,赠送与儿童云。

原载《新闻报》(1933-04-04)

大东书局赠送小学教科书

以便各校采用

上海大东书局出版之新生活小学教科书,计分初级、高级各科等数十种,编纂人物均属教部课程编订委员,内容新颖,适合教部颁布之新课程标准,已经教部审定,准予发行,并加嘉奖。该局为提倡教育起见,以一百万册分赠全国各小学校采用云。

原载《中央日报》(1933-06-19)

大东书局股东会

上海大东书局股份有限公司,于昨日下午二时,在北福建路该公司总厂召集第九届股东年会。到会股东一百六十三户二千六百三十三权,公权董授经先生为临时主席,行礼如仪,由经理沈骏声报告本届营业状况,监察郭志均报告本届账略,次提议事件:(甲)分派本届盈余;(乙)扩充股额及修改章程,末选举董事监察人而散。

原载《时报》(1933-07-03)

启导学级预告

陆凤石

大东书局与通问班拟办的社会学校

一、启导学级简史

在展开二十世纪幔幕的后几章,英国曼桥先生(Addertmant Bridge)根据时代启示,组织一劳工教育协会。几年来的工作与呐喊,果真转变了政府教育的动力,人民方面尤其在职业界的青年,大都受着他的伟大贡献。更使英人怀念难忘的,要算他首创启导学级的勋绩,千古不能湮灭。狠有几个著名大学,与他切实合作,办理启导学级,使业务忙碌的职业界人,距离一定时期,晚间受大学教育,但学生须纳少数费用。

二、拟办之经过

时至今日,言国家则危象四伏,言青年则职业恐慌,自救救国,设非提高学力不足以言自求生路。我们又顾虑到国财穷困,义务教育政府无力顾及,于是任极经济的费用,而收效极大的原则上,计划一救济失学的事业。谈者当能确信大东书局供献读书界,素甚努力,主任编辑蒋息岑先生以前在教部时代,对于义务教育尤热心提倡。基此两种原因,我们就和蒋先生先作商洽,大东书局亦根据其平素主张,为读书界服务,允许合作启导事业,由纯理想而至具体,其经过如此。

三、拟办之学级

年来,补习学校的突增,与职业青年入校的踊跃,一切的一切,事实是昭示我们青年是觉悟了。但我们要认清,工作时间过长者,仍旧无每天补习的机会,我们求补教机体的健全,乃握住启导学级的原则,创办一方法变更的学级,先办初级文学一年组,不收任何费用,两星期上课一次(晚间八至十时,分讲演、讨论与指定参考书籍),将文学的全领域,于一年期间灌输些基础学识。教师人选,预备延聘素负声望的大学教授。又因这是专门学程,学员资格至少有中学举业程度(通问班学员得优先加入)。假设试验成绩良好,我们再办高级文学组与自然科学组。

四、理想的事业

推行顺适的话,大东或能和我们进一步合作含有"指导"性与"系统"性的启导小图书馆,也许发行半月刊以及丛书,希望从各个方面贡献给失学的青年。在此,我们尚得申述两点:(一)人生原有互助责任,提高民智,尤为站在学术线上者的应尽义务,作者谨掬至诚,盼望其他出版界能联合学术团体,担负救济失学工作。即使兴办同样事业,我们也极愿从旁赞助。(二)现尚在启导事业的前夜,大东因业务繁忙,一时无法商办,是以最早的实现期,当在十月初。或许因其他原因,竟至不能实现,那一定受了无可抗御的阻力,否则双方决不肯放弃了本位上的义务。再本文撰述的副动机,尚有唤起社会之注意救济失学事业与失学青年之奋起自救。

原载《新闻报》(1933-07-31)

大东书局举行九九大廉价二十七天*

四马路大东书局于十一月九日起迄十二月五日止,举行九九大廉价二十七天。廉价期内,选列应用各书及文具用品为九十九组,每组自原价一元七角起至五元五角止,仅售九角九分。其赠券则有航空奖券、银行礼券、本局书券、日常用品、服用品、教育用品、文房用具、儿童玩具、游戏用具九十九种,随书奉赠。

原载《夜报》(1933-11-09)

大东书局发售精美日历

大东书局新成二十三年度精美案头日历,用道林纸精印,内容分常识、家庭、快活、卫生四种,式样美观精致,取价特廉。现已大批来京,欢迎各界购备。

原载《中央日报》(1933-12-03)

大东书局案头日历廉售

福州路大东书局历年所出案头日历,花色多、形式美,向为各界人士所乐用。现明年度案头日历业已出版,分为家庭日历、卫生日历、快活日历、常识日历四种,内容丰富,纸张坚厚,座为钢制,尤为精致耐用。凡商家住户案头用之,无不称便。其价值分为甲、乙两种,甲种(道林纸印)每只四角,连座八角;乙种(厚报纸印)每只三角,连座六角,较诸往年售价一元二角,低廉一半。且在九九廉价期内,乙种连座两只,仅售九角九分,购满四只,另送赠券一张。凡需要案头日历诸君,幸勿失此良机。

原载《申报》(1933-12-06)

全国教育界公鉴

商务印书馆南京分馆、中华书局南京分局、
大东书局南京分局、开明书店南京分店会呈南京市社会局文

呈为呈请查究京市各小学评选小学国语教科书总评分数表是否属事实。窃具呈人等最近发现,有人向各教育机关散发传单一种,首行大字标题为"首都全市小学审查各书局新出版",次行为"新课程适用小学国语教科书之结果",第三行为"二十二年七月",第四行为"南京全市各小学评选小学国语科书之总报告",表内列"商务复兴国语教科书七十九分、中华小学国语读本六十二分、世界第一种国语读本八十分、世界第二种国语八十三分、世界第三种国语九十一分、大东新生活国语六十八分、开明国语七十九分",并未注明系由何机关审查,惟既冠以"南京全市各小学评选之总报告"等字样。钧局主管全市教育,谅必有所闻见。本年七月间南京全市教育机关及小学有无此项组织审查各书局新出版新课程适用小学国语教科书,而有上列之总评分数报告,抑另有人捏造事实。事关印发评判教育部已经审定之国语教科书,其影响所及不仅敝馆局店等,已也所有,应请查究缘由,理合备文。呈请鉴核,伏祈赐予澈究,批示只遵,实为公便。谨呈南京市社会局长王。

具呈人
商务印书馆南京分馆经理　王诚彰
中华书局南京分局经理　沈仲约
大东书局南京分局经理　陈文波

开明书店南京分店经理　金桂荪

中华民国二十二年八月二十六日

原载《湖北教育月刊》1933年第2期第1页

训令各小学校采用大东书局出版之新生活小学教科书

为令遵事，现据上海大东书局广州分局司理吕调卿等呈称："呈为录印小学教科书请予采用事。窃商之总店开设上海历有年，所负提倡文化之使命，未敢稍懈，此次教育部新颁正式课程标准，曾通令本学期开学一律须换用依照新课程标准编辑而经部审定之教科书。敝总店鉴于树旦小学教育新基础之重要，特聘教育部课程编订委员会委员蒋息岑、沈百英、薛天汉、马客谈、王味辛、胡颜立等担任编辑出版，新生活小学教科书现已全套出齐，经教育部首先审定五种，其余各科正在送部审定中，素仰钧长热心教育，领袖群伦，谨呈样书，仰祈审查，并恳俯赐提倡，通令采用，教育前途，实利赖之"等情。前来，合行令仰该校长即便知照，此令。

（廿二，六，卅）

原载《新会县政月刊》1933年第15/16期第198页

训令各小学校采用大东书局出版之新生活教科书

为令饬事，现据上海大东书局股份有限公司经理沈骏声呈称："案查小学正式课程标准，已于上年由教育部公布，并规定于二十二度第一学期起，一律遵照施行。在施行时，应即采用按照新颁标准编辑而经教育部审定之教科书，业先后通饬遵照在案。本局为适应时代之需要起见，遵即迅速着手编辑新生活小学教科书一套，以为各校切实施行新颁课程标准之助。现已全都出齐，并于本年五月间奉经教育部首先审定，谒为第一套完全适合新课程标准之小学教科书，各学校为切实施行计，自可首先采用。兹新学年行将开始，本局备货充足，籍便各学校订购，理合检具样书随文呈请钧局鉴核，俯准通令所属公私立各小学一致采用,以重教育,而利推行,实为公便"等情。前来,除分行外,合行令仰该校长即便知照,酌量采用,可也,此令。

(廿二,七,十一)

原载《新会县政月刊》1933年第15/16期第212页

为据上海大东书局请通令各校采用该局出版新生活教科书令仰知照斟酌采用由

上海市教育局训令教字第九二三六号(不另行文)

令市立及私立各小学校

案据上海大东书局股份有限公司呈称:"窃查《中小学正式课程标准施行办法》,业经教育部通令于二十二年第一学期起一律遵照施行。在施行时,应即采用按照新颁标准编辑而经教育部审定之教科书等因在案,本局为适应需要起见,因即迅速着手编辑新生活中心小学教科书各一套,以为切实施行新课程标准之助。其小学教科书现已全部出齐,并于本年五六二月间先后,奉经教育部审定,实为第一套最适用之小学教科书。兹新学年行将开始,窃恐各学校对于新标准之施行,以尚乏审定之教科书,转觉犹豫,致生阻碍,现合将本局出版之小学教科书审定情形叙明,备文呈请钧局通令所属公私立各学校一致采用,以重教育而利推行"等情。据此,合行令仰各校一体知照,斟酌采用,此令。

中华民国二十二年七月十日

局长　潘公展

原载《上海市教育局教育周报》1933年第200期第15页

实业部指令

商字第一六一二七号

令上海市社会局

呈一件　据大东书局股份有限公司依法改正章程请鉴核由。

呈件均悉。查该公司所报修正章程第五条载称："本公司股份额定四十万元。分为四千股,每股银元一百元,一次收足"等语。惟检阅前全国注册局核准注册,案内该公司股份额定系二十万元,分为二千股,每股一百元,各股共缴十六万零九百元,尚有三万九千一百元未经缴足。该公司此次既将股份总额增加,定为四十万元,应即依法备具关于增加资本之股东会决议录缴纳执照费及印花税银,连同原领注册执照,呈请增资登记。又《公司法》第一百八十七条规定,公司非收足股款后不得增加资本。该公司前有未缴足之股款三万九千一百元,究系何时缴足,未据呈报,应即补报,并应将现在全体新旧股东之名簿呈送,以便查核。又股东会为公司解散及与他公司合并之决议,依《公司法》第二百零三条规定,仅准用第一百八十六条第二项之规定,章程第十二条第二项内"出席股东不满前项定额时"句下应添"除公司解散及与他公司合并外"一语,以资分别。又章程第十六条即订有创办人利益,未据将受益者姓名载明应添入,又公司公积金依《公司法》第一百七十一条规定,非提存已超过资本总额二分之一,不得动用,同条第二项关于挪动公积金,应酌改。仰即转饬,遵照补具文件及费银,修正章程另缮全文,呈转来部,以凭核办。此令。

中华民国二十二年二月六日

部长 陈公博

原载《实业公报》1933年第111/112期第32-33页

令知酌购大东书局出版之新生活教科书

训令 叁字第一一五五号

二十二年六月二十八日

令省立、私立各个小学校

案据上海大东书呈称："窃查《中小学正式课程标准施行办法》,业经教育部通令于二十二年度第一学期起一律遵照施行。在施行时,应即采用按照新颁标准编辑而经教育部审定之教科书等因在案。本局为适应需要起见,因即迅速着手编辑新生活中心小学教科书各一套,以为切实施行新课程标准之助。其小学教科书现已全部出齐,并于本年五六两月间先后奉经教育部审定,实为第一套最适用之小学教科书。兹新学年行将开始，窃恐各学校对新标准之施行，以尚乏审定之教科书，转觉犹豫，致生阻碍，现合将本局出版之小学教科书审定情形叙明，备文呈请钧厅通令所属全省公私立各学校一致采用，以重教育，而利推行"等情。据此，除分令外，合行令仰该校酌量采用。此令。

厅长　程天放

原载《湖北教育厅公报》1933年第10期第21页

核查上海大东书局印刷各种啤酒税证（一）*

本部训令　第二〇号　二十二年七月二十五日

令协审杨体志

为令遵事，查财政部印花烟酒税处二十年五六两月计算案内在上海大东书局印刷各种啤酒税证，开支印刷费为数甚巨，并未附送该书局正式收据，殊属不合。兹派该协审前赴该书局实地调查，仰即遵照前往切查证明，具报以凭核办，此令。

附发原案一件

原载《审计部公报》1933年第29/30期第18页

核查上海大东书局印刷各种啤酒税证（二）*

训令　第三零号　二十二年十月十四日

令本部厅长林襟宇、科长沈藻墀

为令遵事，案查财政部印花烟酒税处二十年五月至十二月，二十一年一月至六月，暨税务署二十一年七月至十二月经征啤酒税经费支出，案内在上海大东书局、商务印书馆、南洪泰纸号等处印刷各种啤酒税证，开支印刷费甚巨，并未附送该局馆号等正式收据，殊属不合，除已两次派员前往大东书局实地调查，据复各节，仍认为有复查必要外，所有商务印书馆、南洪泰纸号与该处有关系之账目，自应一并查明为，此令。

仰该厅长、科长迅即前赴各该局馆号等处，依照主管厅科签呈各点切实调查,据实呈报,以凭核办。此令。

原载《审计部公报》1933年第31/32期第37-38页

恳通饬各县转令所属小学采用新生活教科书*

河北省教育厅训令　第七二二号
中华民国二十二年六月七日

各县县政府
令省立各师范学校、模范小学校(不另行文)

为令行事,案据上海大东书局天津分局呈称,呈为最近出版根据教育部小学课程标准编订之新生活教科书,恳通饬各县转令所属小学采用事。窃商号鉴于坊间小学教本编纂陈旧,特于二十年敦聘教育部小学课程标准委员会委员蒋君息岑、沈君百英诸专家编纂新生活小学教科书,全套费时二载余,修改十数次,始于今春出版,出版后曾呈教育部审定,认为合格,给予执照,在案窃查。

原载《河北教育公报》1933年第6卷第18期第38-39页

大东书局家庭教育讲座:
家庭教育是学校教育的基础

蔡元培

有人以为父母教养子女,是一个很简单的问题,实际并不如此。要知道父母教养子女,必先了解子女的智力才能,以及种种特有的个别困难,犹之学校教师必先了解儿童的个性,然后方能施以适当的教导。父母怎样能了解儿童的一切? 这个解答,好像很平常的;但是自己去实施教养的时候,就会感到困难了。比方一般做父母的,只留心到普通的休息、睡眠和平常卫生的分配,并没有顾到新的健康发展。倘若要使每一个儿童,都能合于新的健康发展条件,必须父母先研究过生物学、心理学以及心的卫生,方能得到这种智识,才能发现子女有什么阻碍新的健康发展的地方,再施予适当的教养。中国有句俗话说:"知子莫若父。"这句话很有意思。不过我觉得父母若没有研究过生物学、心理学等智识，决不能了解子女的个性的。据说大东书局已有这一类书供给家长浏览，我以为确实是极关重要而必需的。再讲到子女智识的供给和习惯的训练，一般家庭都以为这是学校教育的责任；殊不知父母对于子女的观察，常较教师对于儿童的观察要敏锐而正确得多。学校教育如果没有家庭教育来帮助，学校教育是一定要失败的。我们知道一个人的品性，是常在变动的，可以说随环境而变动。倘使家庭环境和学校环境不一致，儿童的品性，就会发生种种的变动了。还有许多新事物，要使儿童知道，自然是从他自己的经验中，或成人的经验里所学得的。如果学校教师和家庭父母的经验不同，儿童已知的事物，便要发现许多不同的观念，所以我的主张，是要造成一个家庭环境，和学校一样地，能鼓励子女之创造能力，以发展他们固有的本能。那末，我们如何能使家庭环境和学校环境一致呢？就是要父母常常留心到"儿童研究"这一个问题。这里面所包含的，有儿童心性、行为、如何教育等。每一个家庭中的父母，都能这样研究教育儿童，那末施与子女的助力，一定很大，可以使子女正在发达的心灵，受到良好的影响，反应到家庭里，也必成为良好的家庭。有良好的家庭，对于其子女的教育，加以深切的注意，那末，学校教育的效率便自然能逐渐增高了。所以我奉劝大家快来履行父母的职务，实行家庭教育！

原载《现代父母》1933年第1卷第1期第9-10页

大东书局承印《中华邮政舆图》五千册（一）*

交通部指令第七五八号

二十二年一月二十六日

令邮政总局呈一件为拟印行《中华邮政舆图》五千册交由大东书局承印请核示由。

呈悉此项成册《中华邮政舆图》，既据该局先行招标，以大东书局印价比较低廉、印制素有经验，应准如拟印制五千册交该书局承印。仰即饬令，迅速赶制，如期出版余，并准如拟办理，仰即遵照。此令。

交通部长朱家骅

原载《交通公报》1933年第429期第12页

大东书局承印《中华邮政舆图》五千册(二)*

交通部指令第三零四三号

二十二年三月二十二日

令邮政总局呈一件为关于印制装订成册之《中华邮政舆图》一案。

据供应处呈称,因有四图须放大尺寸,增价四百元,已与大东书局正式签订合同,请鉴核备案由。

呈件均悉。草合同尚无不合,准予备案,附件存。此令。

交通部长朱家骅

《交通公报》1933年第444期第15-16页

查大东书局出版教科书课文*

交通部公函第二六二零号

二十二年十月二十五日

径启者,查大东书局出版之《新生活自然教科书》第七册第四一页《打电报到北平》一课第三节所载"电报局里的人说"一段,全与事实不符。本部所辖有线电传递平沪间电报,系用高速度双工快机,仅由天津一局接转,速率与无线电相等,并无"路上要经过南京、天津等几个电局传递,大概要一天或两天才能接到"之事。编者不明事实,殊缺乏电信常识。兹附原书一册,应请贵部予以纠正,免滋误会,并希见复为荷。

此致
教育部。

附件(略)

原载《交通公报》1933年第507期第25-26页

大东书局股份有限公司二十年度资产负债表

民国二十年十二月三十一日

资产之部	元	负债之部	元
基地房屋	二六、一五五·五六六	股本	二八一、九〇〇·〇〇〇
机器工具	一〇〇、八〇二·四二八	酬恤公积	三、〇七〇·〇〇〇
铜模铅字	二七、五〇四·一六九	材料纸张折价准备	六、一五五·六八八
五彩石印	四、〇七七·二九五	呆账准备	一〇〇、一九二·三七四
生财装修	三一、四六三·二三八	存入保证金	三一、四二〇·〇〇〇
书稿版权	七三、七〇九·五七六	长期存款	五一、九五一·四四八
各种图版	五一、〇二九·八四七	定期存款	一五四、四〇三·〇五二
参考用书	九九六·二二〇	活期存款	八五.三一一·一七四
分局资本	三五、〇〇〇·〇〇〇	各项账款	五七、〇五三·五八九
附业股份	一三、九〇〇·〇〇〇	银行钱庄往来	八一、三〇八·九五〇
有价证券	三、一一八·二八三	未付存款息	四、二〇四·七四〇
抵押欠款	二、〇〇〇·〇〇〇	未付股息	三、二〇一·二八一
押租押柜	三、八七二·七七八	未付职工红利	一一一·四一〇
分局往来	一八四、一七七·五六六	发行礼券赠券	一、〇六六·九〇〇
特约店往来	七二、六五五·七五五	承印定洋	二九、六三八·四五四
发行所往来	七二、七二九·五六七	暂收款项	一二、三四〇·六二九
应收账款	三〇、五七〇·五五二	应付未付款项	二一、八五五·三五〇

预付款项　五三、二〇六·〇〇八	应付期票　四五、六七三·〇七七
暂付款项　一三、二九六·九四八	本届盈余　三三六、六〇二·七〇六
应收期票　三、一〇〇·九二〇	共计　一、〇〇七、四六〇·八二二
未完工程　五五、三四一·五九〇	
存栈书籍　九二、五九八·二一八	
存栈材料　四四、七七七·〇九四	
现金　一一、三七七·二〇四	
共计　一、〇〇七、四六〇·八二二	

1933年《会计杂志》第1卷第1期第161页

教育部审定大东书局教科书
实为最实用之小学教科书*

案据上海大东书局呈为拟请通令各校本局出版新生活中心小学教科书仰转饬所属知照

训令第一三三五号（六、三十、）

（只登周刊，不另行文）

令各县市政府、省立各学校

案据上海大东书局呈称："窃查《中小学正式课程标准施行办法》，业经教育部通令于二十二年度第一学期起一律遵照施行。在施行时，应即采用按照新颁标准编辑而经教育部审定之教科书等因在案。本局为适应需要起见，因即迅建着手编辑新生活中心中学教科书各一套，以为切实施行新课程标准之助。其小学教科书现已全部出齐，并于本年五六两月间先后奉经教育部审定，实为最适用之小学教科书"等情。据此，除批示外，合行该县市政府即便转饬所属各中小学校知照！合行该校即便知照！此令。

原载《浙江教育行政周刊》1933年第4卷第45期第14页

大东书局之过去情况与今后计划

我人深知社会之进步,实与文化事业相表里。出版界者,乃握此事业之枢机,而以智识供给社会,助长其动力者也。如以社会喻机械,出版界即为馈电之仓库,相关之密切,正不待智者而后知。而近世观察各民族之强弱,尤多以其出版物之数量为依归。盖出版物绝非普通商品可比,其所代表为一民族之文化,质言之,亦即一民族智力,及其一切活动之记载。出版界既职司枢机,而从事文化之输送与普及,控制社会,表率民族,其责任之重且大,更不待智者而后知也,大东书局为出版界之一份子,其责任,其目的,固不敢稍后于人;即其十八年来为社会之服务,而服务,未尝一日稍懈。今试撮十八年来之过去情况,为诸君告,倘亦所乐闻欤。

一、创业经过

大东书局创业于今,垂十八年,所营业务,皆随时代之变迁,而逐步推进;历年所贡献于社会者,昭昭在人耳目,固无待赘言。考厥创始,时在中华民国五年,集股本三万元,就福州路昼锦里赁屋二楹,编印图书,是为创业之初。八年冬,乃自办机器,设印刷所于蒙古路,是为发展之初。十年,移发行所于福州路新屋。翌年,设分局于广州、汉口,添购各项新式机器,迁印刷所于北西藏路公益里,各项设备,渐具规模,其时即已有声于出版界。惟业务范围,既经扩展,自非增厚资本,未足以固其基础,爰于民国十三年,改组为股份有限公司,集资本拾万元,添设北平、辽宁、长沙三分局。越年,复增股为二十万元,设梧州、汕头二分局及东方舆地学社,而印刷所则除平凸版逐步扩充外,附增置凹版部,承印各种有价证券,技术精良,为国人赞美,实开中国印刷工业之新纪元。

十六年,国民政府定都南京,本局鉴于促进文化之日亟,原有地址,不敷扩展,遂迁总务处、编译所、印刷所于牯岭路,其后复增设南京、天津、徐州、常州、哈尔滨、成都各分局。越三年,以原有股额,不足以资运用,扩充股额为四十万元。复以地位不敷,迁总厂于北福建路,续设重庆、杭州、南昌、开封各分局,设总店于福州路三一〇号新屋,创设大东法律函授学校,以普及民众法学知识。二十一年,为提倡家庭教育运动,增设家庭教育股,扩充股额为伍拾万元,益见国人信任本局进步之神速,咸谓为出版界得未曾有。

回顾创业之始,规模虽小,业务众多,艰难缔造,因时发展;但靳有贡献于国人,有裨益于文化,夙夜兢业,努力前进。今兹营业逾百余万元,分局遍于国内外,基础稳固,业务日上,前途发展,方兴未艾,所以能造成如许伟大之出版业者,初非偶然而致,因概述创业经过与今后扩展之设计,俾知本局对于文化运动之推进,无或已时,甚愿热心文化事业之同志有以教之!

大东书局十八年来大事记

民国五年	九月中创业,设办事处于宁波路
民国六年	设发行所于福州路昼锦里口
民国七年	设编辑所于蒙古路森康里
民国八年	设印刷所于蒙古路森康里,收买新康美术馆
民国九年	设总务处以统辖各所
民国十年	移发行所于福州路一一〇号
民国十一年	移总务处、编辑所、印刷所于北西藏路公益里,设分局于广州、汉口
民国十二年	印刷所增设平版部
民国十三年	改组为股份有限公司,增资本为十万元,设分局于北平、长沙、辽宁
民国十四年	增资本为二十万元,印刷所增设凹版部,设分局于汕头、梧州、东方舆地学社
民国十五年	农商部核准注册
民国十六年	移总务处、编辑所、印刷所于牯岭路一〇一号,改订汉口、汕头、梧州三分局为特约分局
民国十七年	国民政府全国注册局核准注册,前经理吕子泉改任常务董事,选任沈骏声为经理
民国十八年	设特约分局于徐州、常州、哈尔滨、成都
民国十九年	增资本为四十万元,移总厂于北福建路二号(现改三三一号),收买天津文化书局、上海大东橡皮印刷公司,设分局于天津、南京
民国二十年	移总店于福州路九九号(现改三一〇号),收买别美彩色照相制版公司及龙飞印刷公司,置广州分局、永汉北路房地产,设分局于重庆、杭州,设特约分局于南昌、开封,设大东法律函授学校

续表

民国廿一年	集家庭教育股十万元,增资本为五十万元,改订辽宁分局为特约分局,设特约分局于济南、云南、星加坡
民国廿二年	出版新生活中小学教科书,经教育部发给第一号执照,改订南京分局为特约分局,设特约分局于西安、福州、无锡、宜兴、泰兴、信阳、洛阳、郑县、汲县、泸县、衡州、韶州、肇庆等处

二、组织系统

本局内部组织在创始时,至为简单。初设发行、编辑两所,越三年,因出版日益发达,遂增设印刷所。洎自改组为有限公司后,分编辑所、发行所、印刷所三部分,分科治事,而以总务处统辖之。并在各地设分局,增设东方舆地学社与法律函授学校,六大杂志社诸附属机关。在十年中,组织上虽略有改革,然变更极少。

民国廿三年一月,以时代之递迁,旧有组织已复杂而不合科学精神、管理原则,为集中生产、扩展营业,使组织之趋于合理化、简易化,及复重订组织系统,设总管理处、总厂、总店三部分;以总厂专司印刷营业,总店专司出版营业,而以总管理处总其成。实施以来,不独办事效率较前大为增进,而开支比率,谈渔可缩减至百分之四十。兹附最近职员录及新订之组织系统于后:

大东书局最近重要职员录

董事	董　康　蒋梦麟　杜月笙　李元白　黄谷梅 陈玉璋　王伯瀛　殷子白　吕子泉　沈骏声　谈松涛
监察	王哲民　徐益智
常务董事	王伯瀛　殷子白　吕子泉
经理	沈骏声
副经理	谈松涛
总管理处处长	郭鸿飞
总厂厂长	徐志仁
副厂长	郭鸿飞兼　王雪樵
平版部长	徐志仁兼

凸版部长	徐志仁兼
凹版部长	王雪樵兼
总店店长	骆无涯
副店长	蒋息岑　梅韵清
总编辑	孟寿椿
生产部长	蒋息岑兼
营业部长	梅韵清兼

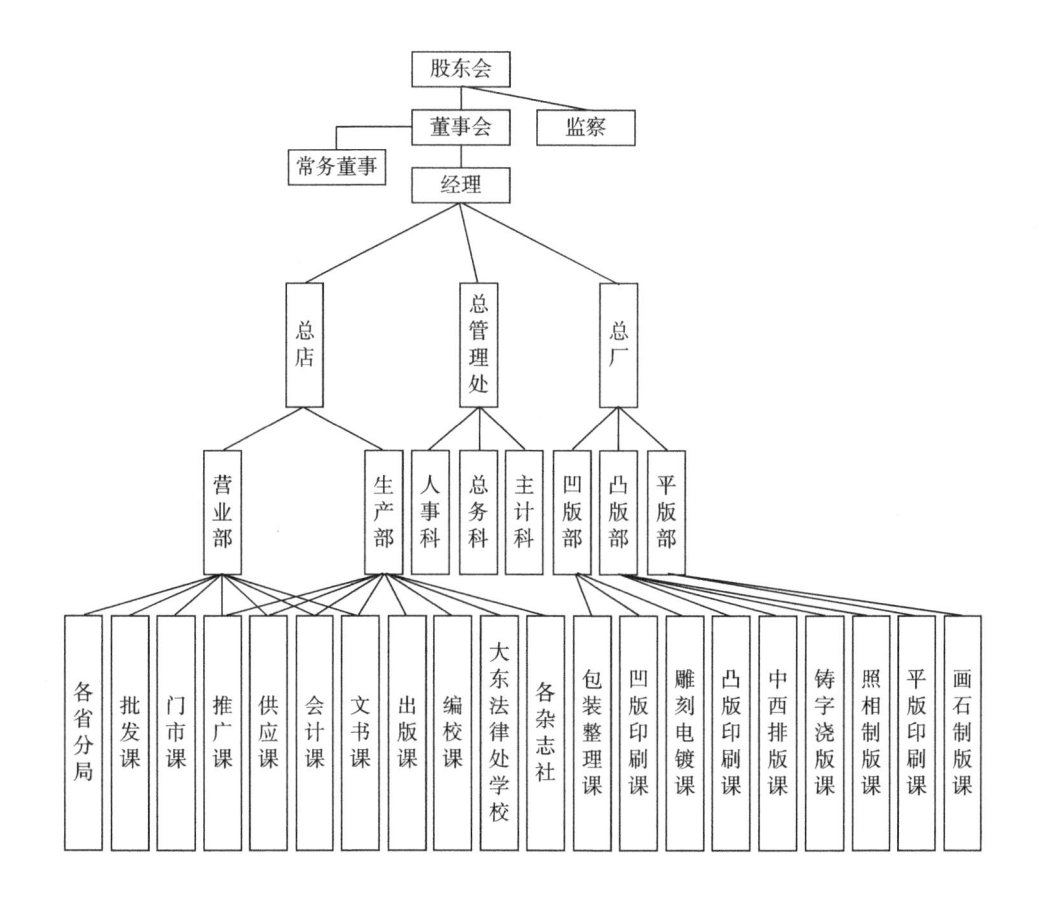

组织结构图：

股东会—董事会（监察、常务董事）—经理

经理下辖：总店、总管理处、总厂

- 总店：营业部、生产部
- 总管理处：人事科、总务科、主计科
- 总厂：凹版部、凸版部、平版部

营业部下辖：各省分局、批发课、门市课、推广课、供应课、会计课、文书课

生产部下辖：出版课、编校课、大东法律处学校、各杂志社

凹版部：包装整理课、凹版印刷课、雕刻电镀课

凸版部：凸版印刷课、中西排版课、铸字浇版课

平版部：照相制版课、平版印刷课、画石制版课

三、总厂情况

本局总厂为生产之总机关，设于北福建路三三一号。原有组织，分管理营业、材料、校对各科，复依工场性质分铸字、排版等十五部，行之有年。近以该项组织于生产、管理上，依据现状，均有未合。因于本年一月，依照印刷技术之

163

分别,厘为平版、凸版、凹版三部,部各设长,而以厂长、副厂长统辖之。

平版即通称彩色石印,而以橡皮或印石印成月份牌、公债票、画册、商标等印件者,凡大量或七八色至十余色之印刷品,俱以用平版印刷为最精美适合。本局总厂于平版之设备,素臻完善,所置橡皮印刷机、措金机、石印机等均系德国制造,套色平匀准确,能印十五色以上之印件。

凸版即通称铅印,而以铜版、锌版或铅版印成书报、杂志、传单等印件者,凡普通或简易之印刷品,俱以用凸版印刷为合宜。本局总厂,于凸版之设备最早,举凡照相制版、铸字、浇版、中西排版等各项技术,无不完全。更备有色版机多架,专事印制三色版、四色版等精美印件,素着盛名,历久勿替。

凹版为一种最精密之印刷技术,其长处即在于不易仿造,故凡有价值之印刷品,如钞票、证券、印花、邮票等,皆须以凹版印刷之。吾国备有电力凹版印刷机者,上海唯本局一家,本局对于该项印刷技术、设备管理,具有特长,所置之钢版雕刻机,能刻最精细之钢版,不差毫厘;所置之电力凹版机,每日能印成高三公分阔五点五公分之钞票六十万张。历年承印国民政府印花税票、中国通商银行钞票,及川、赣、秦、甘、湘、苏各银行钞票、辅币,廉美迅速,委印机关无不满意。

凡印刷上之工作,平版、凸版、凹版三种技术可以包括无余。本局总厂对于该三项印刷设备无不俱全,大小机器百余架,职工四百余人,任何印件俱可视其工细难易,分别制作。在印刷工业不甚发达之我国,本局虽不敢以牛耳自居,然如此完善之设备,全中国亦惟一二家而已,此实所可引以自豪者也!

四、总店情况

本局总店,为指挥生产营业之总枢纽,设于福州路三一〇号。现今组织,系就原有组织上之编译所、发行所,及总务处之出版、推广、分局、稿务、进货、存货各科,合并组织而成。设店长、副店长,统理本店一切业务;下分生产,营业两部,各设部长以主持之。

生产部之职掌,为编审、制造、分配印刷,及一切有关生产事项,并统辖各杂志社、大东法律函授学校。营业部之职掌,为营业、推广,及一切有关营业事项,并指挥各地分局及经理处。部下共设八课,为编校、出版、文书、会计、供应、推广、门市，及批发，课设主任。编校课掌编译、审查、校订、制图。出版课掌制版、发排、印造、装帧。文书课掌文书往来、文件保管。会计课掌簿籍稽核、银钱出纳。供应课掌收货、存货、进货、发货。推广课掌广告宣传、装置设计。门市课掌门市售卖、通讯现购。批发课掌分局、特约、同行批售。分课治理，井然不紊，而相互之间，则又联络有方，绝无隔阂之弊。十万言左右之初版书，半月可成；百余页之再版书，三天可出。函件往还，绝无留滞；货物收发，当日毕事，于工作效率，允称敏捷。

五、分局情况

本局为求营业之发展，推销之便利，国内省会商埠，均设有分局，或特约分局，设特约经理处。分局由本局直接自行分设；特约分局与本局订立承销合同，领用牌号，盈亏与本局无涉；特约经理处与本局订立承销合同，不领用牌号，盈亏亦与本局无涉。截至二十二年年底，共有自设分局六处，特约分局、特约经理处各二十八处，连同普通往来之批发同行，国内外共有二千余处之多。特约分局之中，南京、汉口、汕头、梧州、辽宁五处，本为自设分局，后因时局关系，求盈亏之不负责任，乃改组为特约分局。至于自设之六分局，俱为华南、华北、华中文化与商业集中地，迭年营业，均有突飞猛进之势。兹将自设分局情况一览表，及其门面摄影，特约分局、特约经理处一览表，及其门面摄影附列于后：

自设分局情况一览表

局别	地址	经理	基金	创设年月
北平分局	北平杨梅竹斜街	陈可宗	二〇·〇〇〇·〇〇〇	民国十三年五月
天津分局	天津大胡同南口	陈可宗	二〇·〇〇〇·〇〇〇	民国十九年八月
长沙分局	长沙南阳街	俞逸仙	二〇·〇〇〇·〇〇〇	民国十三年五月
重庆分局	重庆售珠市	江春声	二〇·〇〇〇·〇〇〇	民国二十年七月
杭州分局	杭州太平坊	柯周宽	二〇·〇〇〇·〇〇〇	民国二十年七月
广州分局	广州永汉北路	吕调卿	四〇·〇〇〇·〇〇〇	民国十一年三月

江苏												
南京特约分局	常州特约分局	无锡特约分局	宜兴特约分局	徐州特约分局	泰兴特约经理处	镇江特约经理处	扬州特约经理处	江阴特约经理处	南通特约经理处	海门特约经理处	盐城特约经理处	清江特约经理处	南汇特约经理处

(注：上表江苏栏实际有13列)

浙江					安徽	江西	河南				
嘉兴特约经理处	温州特约经理处	瑞安特约经理处	平阳特约经理处	临海特约经理处	天合特约经理处	安庆特约分局	南昌特约分局	开封特约分局	信阳特约分局	洛阳特约分局	郑县特约分局	汲县特约分局	驻马店特约经理处

山东	陕西	四川			湖北	湖南						
济南特约分局	西安特约分局	成都特约分局	□县特约分局	万县特约经理处	汉口特约经理处	衡州特约经理处	常德特约经理处	宝庆特约经理处	邵阳特约经理处	□陵特约经理处	宁乡特约经理处	零陵特约经理处	衡山特约经理处

福建		广东					广西	云南	东三省		国外
福州特约分局	厦门特约经理处	汕头特约分局	韶州特约分局	肇庆特约分局	合山特约经理处	大良特约经理处	顺德特约经理处	梧州特约分局	昆明特约分局	辽宁特约分局	哈尔滨特约经理处	香港特约经理处	星加坡特约分局

六、生产情况

本局以出版与印刷两项为主要事业,旁及教育用品之监制,外版图书之发售,兹分述其概况如下:

(甲)出版

本局十八年来所出版之图书,其数量综计已达一千八百九十六种,考历年出版经过情形,大略可分为四大时期:

(一)萌芽时期:本局创业之始,仅有编辑员数人,担任编辑事务,乃先就普通用书,着手纂辑印行,以应社会一般人需要。按类别言,以语文、文学占多数,艺术次之;按年份言,自民国五年起至民国十三年止,共出版图书约四百余种,而每年出版之数量,均有增进。

民国五年	二十二种
民国六年	二十八种

续表

民国七年	三十二种
民国八年	四十二种
民国九年	四十六种
民国十年	四十七种
民国十一年	五十七种
民国十二年	七十九种
民国十三年	一〇二种
民国十四年	一四九种
民国十五年	一五八种
民国十六年	一〇六种
民国十七年	六九种
民国十八年	一一六种
民国十九年	一七五种

（二）发展时期：此一时期，在本局改组为股份有限公司以后，自民国十三年份，以至民国十九年份止，对于出版图书之质的改进、量的增加，大有蒸蒸日上之势，其间最显著之事实，足以证明者凡五：

（1）初等教育方面　本局为顺应环境需要，与时代潮流之变移，对于教育工具之供给，认为是首要之工作，乃从事编印幼稚园以至小学之补充读物，各校纷纷采用，自出版迄今，复印有多至四十次以上者。

（2）中等教育方面　当教育部暂行课程标准颁布之后，本局为适应各校教学上之需要，首先遵行标准，编辑初中教本，初版既出，风行一时，几为中等教育最有权威之工具。复以青年思想行为以及择业未得相当之指导，每易彷徨歧路，无所适从，特编青年指导丛书十四种，各项指导，应有尽有，每年销行数额，当在十万以上。又以书籍之流传未广，对于青年中心思想之指导，容有未周，乃创行《现代学生》《学生文艺丛刊》两大杂志，以资辅助，发行以后，定户达四万以上，开中国杂志界之新纪录。

（3）高等教育方面　提高学术，促进文化，尤为出版界应负之责任。本局鉴于高等教育用书，大率采自外国，殊足阻碍学术研究之进步，遂毅然约聘国内著名大学教授，分科编译大学教本、参考书，及各种丛书，不下数百种，嗣后以一·二八事变既起,计划未能完全实现,但现仍本其初衷,于苦困艰难之中赓续进行。

(4)社会教育方面 本局为普及文化计,对于社会教育,实有辅助进行之必要,当教育部以编著之《三民主义千字课》甲、乙、丙三种委托印行,毅然接受,销行之广,遍及全国。更编百科常识丛书,及各种补充读物,借以提高民众常识。

(5)其他 他若关于阐明文化方面,亦极为注意,如古籍之影印世界年鉴、时事、年刊,《世界现状大观》等巨著之印行,《科学》《社会科学》《新家庭》《戏剧月刊》四大杂志之出版,凡属出版界应负之使命,本局无日不努力为之,以为倡导。

(三)改进时期 自二十年起,本局乃确定五年间出版计划,将已出版之全部出版物,有失时效而内容未臻完善者,加以修改,或竟淘汰。一方面增编合于时代需要之出版物,有年出五百种至千种新书之预拟。复以吾国在教育求臻普及之时期,对于儿童精神修养、品行陶冶等教养工作,家庭实负有重责。对于现代父母,实有促其注意之必要。爰即倡导家庭教育运动,编行家庭教育用书全套,以训练现代父母;更编印儿童用书,以供给其教育工具。倡行以来,全国闻风响应,各大报俱出专号提倡,于是国内关于儿童幸福、父母教育之促进团体,接踵而起,本局虽不敢自居有功于世,要亦足以使一时风尚,为之一变也。

民国二十、二十一年两年间出版数量统计

初版	种数	册数
	二六〇	三〇三
重版	种数	册数
	五八五	七七七

(四)充实时期 自二十二年起,迄于今兹,本局以充实出版物之内容,以求发展为主要目标,因就各类图书,未臻完密者,加以补充;更就急切需要者,从事增编。当以教育部正式课程标准,业已颁行,正值施行新课程,以奠定国

民教育基础,复与民族而从事新生活运动之际,本局遂延聘国内中小学课程专家及实地教学者,编印中小学新生活教科用书全套,以为施行之助。内容充分表现新生活方法,其□社会文明之进步,更创教学做法;于教师以新方法之启导,教学之风,为之转移。各书均经教育部首先审定,发行以来,举国赞美,际此新生活运动倡导之始,本书内容,适符其中心准则,咸谓为中国第一部最进步之创作教科书。更依教学原则以观,深觉教学活动时,仅有教科书一种工具,未易使儿童生活活动,达其目的,乃从事编辑各科作业、活动所需要的单元材料,以及补充读物,多至千余种,分级编制,现已出三分之一,各校施行新方法者,无不采用。作为充实小学图书馆之用者,为数尤多,一版既出,三日即罄,可见需要之亟。

民国二十二年出版数量统计

初版	种数	册数
	四〇〇	四七三
重版	种数	册数
	五三七	七〇八

(乙)印刷

本局自办印刷,历十五年,逐年添置工具,改进工作,凡平、凸、凹版三种印刷术,无不精心研究,采用最新方法,印刷技术、出品足与外国抗衡。其生产能力,现除尽量供给本局自印出版物外,专以承接有价证券为主要业务,历年承印国民政府印花税票、各省银行钞票、各商号商标,为数甚多,交相称誉,信用卓著,今就本局印刷进步情形,亦可划分为四时期:

第一时期　以供给印刷本局出品为主,机器亦仅就凸版部分充量置备,兼及平版之一小部分,故此一时期之生产能力有限,可为本局印刷之草创时期。

第二时期　生产能力,倍于往昔,兼杂承印业务,平版则置备胶版机、石印机、裁纸机、揩金机以及一切工具;凸版则自办铜锌版、照相机器、网版等,尤以三色铜版之精美,最有声誉,可为本局印刷之进步时期。

第三时期　添设凹版印刷,购备电力凹版机,及一切应用工具,印刷技术之高,开中国印刷界之新纪元,此期之印刷,为本局之发展时期。

第四时期　本一时期,将各部生产能力,加以充厚,并求改进。就今兹情形而论,平版部——以承印公债、税票及地图、月份牌、彩色图书封面为大宗,每月生产能力可达万元;凸版部——以排印本局出版物为固定营业,兼承印各种外版图书、杂志,总计每月生产计值一万二千余元;凹版部——以承印国民政府印花税票、银行钞票为主,兼印精致商标,每月生产能力计值三万余元。

七、营业情况

本局营业,逐年增进。民国五年创始时,营业仅一万三千余元,而民国二十二年份,则营业增进一百三十七万余元,为百与一之比,宁非盛事。兹将最近五年营业实况及盈余实况,列举如左:

(甲)营业实况

年份	出版营业额	印刷营业额	营业总额
民国十八年	十八万二千余元	四十七万四千余元	六十五万六千余元
民国十九年	三十一万二千余元	四十八万五千余元	七十九万七千余元
民国二十年	三十六万六千余元	六十五万四千余元	一百零二万一千余元
民国二十一年	二十五万三千余元	五十万元余	七十五万四千余元
民国二十二年	五十八万三千余元	七十九万五千余元	一百三十七万八千余元

照上列五年来营业实况,历年营业,均有突进之势。至民国二十一年份之所减低者,则因是年适值一·二八战役,上海总店、总厂,停止营业,达数月之久;而各埠分局,亦因交通阻滞,人心动摇,连带而营业受其损害,故营业总额,遂因之表现退化。然本局根基巩固,并不因此项损害,而遂感受痛苦,故次年即民国二十二年份之营业总额,即一跃而达一百三十七万八千余元,较之二十一年份之营业总额,增加之数,达百分之四十五。

(乙)盈余实况

年份	盈余	折旧及提存准备	净盈	官红利分配
民国十八年	九万三千九百余元	五万五千五百余元	三万八千三百余元	官利一分 红利五厘
民国十九年	十三万三千一百余元	八万四千六百余元	四万八千四百余元	官利一分 红利一分五厘
民国二十年	十一万二千三百余元	七万五千七百余元	三万六千六百余元	官利一分 红利八毫
民国二十一年	四万二千三百余元	七千余元	三万五千二百余元	官利一分
民国二十二年	十万零七千五百余元	尚待股东年会议决提存折旧公积派发官红利		

以上五年来盈余实况，其民国二十一年份之盈余所以锐减而无红利可派者，则以受一·二八战役影响之故。

查最近五年营业，平均计之，每年为九十二万一千余元。兹再依据上列所述实况，做营业成本开支盈余比较表，以百分比列之如左：

项别	营业额	成本比例	开支比例	盈余比例
(甲)出版营业	百分之三七	百分之二二·一四	百分之一一·二	百分之三·六六
小学教科书及儿童书	百分之一二·五	百分之六·七五	百分之四·六	百分之一·一五
中学教科书及参考书	百分之六	百分之三·二四	百分之二·一六	百分之·六
一般用书	百分之一一	百分之六·〇五	百分之三·七四	百分之一·二
外版寄售图书	百分之二·五	百分之二	百分之·二五	百分之·二五
文具仪器	百分之五	百分之四·一	百分之·四五	百分之·四五
(乙)印□□□	百分之六□	百分之二六·一五	百分之一九·八五	百分之七
(一)平版部	百分之一〇	百分之六·六二	百分之三·二九	百分之一·〇九
承印本局出品	百分之五	百分之三·一	百分之一·四五	百分之·四五

171

续表

项别	营业额	成本比例	开支比例	盈余比例
承印有价证券	百分之四	百分之二·三二	百分之一·二四	百分之·四四
承印其他印件	百分之二	百分之一·二	百分之·六	百分之·二
(二)凸版部	百分之一六	百分之九·六九	百分之四·七二	百分之一·五九
承印本局出品	百分之七·五	百分之四·六五	百分之二·一七	百分之·六八
承印有价证券	百分之六·三	百分之三·七二	百分之一·八九	百分之·六九
承印其他印件	百分之二·二	百分之一·三二	百分之·六六	百分之·二二
(三)凹版部	百分之三·〇	百分之一九·八四	百分之一一·八四	百分之四·三二
承印钞票	百分之二五·五	百分之一四	百分之八·四一	百分之三·〇九
承印印花税票	百分之八·八	百分之四·八四	百分之二·九	百分之一·〇六
承印其他印行	百分之一·七	百分之一	百分之·五三	百分之·一七
□□	百分之百	百分之五八·二九	百分之三一·〇五	百分之一〇·六六

以上每年营业九十二万一千余元,内成本占有百分之五八·二九,计五十三万六千八百余元,开支占百分之三一·〇五,计二十八万五千九百余元,余为盈余,占百分之一〇·六六,计九万八千一百余元。

大东书局十八年来营业进步财产增加对照表

红字为营业总额,黑字为财产总额[1]

民国五年	一三·九七一·四九〇	一一·五七三·八七七
民国六年	三一·三五六·六六八	一五·三四四·九八六
民国七年	五三·六四二·三六二	四二·九五八·四三四
民国八年	八七·四五九·六三一	七二·一五九·一〇〇
民国九年	一二八·三六八·八五六	一〇九·五六八·九九九
民国十年	一五四·八九六·七二五	一三八·九六八·七三六
民国十一年	一八二·五四三·六八九	一五四·八六五·三二九
民国十二年	二二三·四三一·八六三	一八五·三四八·九五四
民国十三年	二五八·六五八·九八〇	一九三·六九七·四九二

---

[1] 原资料为影印材料,无法区别文字颜色,根据资产数据可知,左列为财产总额,右列为营业总额。——编辑注

续表

民国十四年	三五六·二〇五·三一七	二七七·四五六·八九〇
民国十五年	五一七·四三一·九六五	三七九·八八九·四五八
民国十六年	四六三·七六五·四一一	三八四·七六六·八二八
民国十七年	六三七·八一四·五三二	三八五·九八三·四一四
民国十八年	六六五·二〇八·六五九	四〇六·二四二·〇〇八
民国十九年	七九七·一一五·一二七	七二〇·〇一五·二六一
民国二十年	一·〇二一·五五四·九二八	一·〇〇七·四六〇·八二二
民国二十一年	七五四·二七八·七四七	一·一〇八·一五七·四二七
民国二十二年	一·三七八·五一一·七〇〇	一·五五一·四七六·八四三

八、财产情况

本局十八年来财产增加情况，已详上列营业进步财产增加对照表，兹将经会计师查核证明之二十二年份详细财产目录列述如次：

科目	说明	原数	折实数
基地房屋	广州分局房地产	二九·〇六一·七四〇	二六·一五五·五六六
机器工具	机器、铅料、印石等	一九九·四八七·三六四	一五八·五三八·五六六
参考用书	编辑用参考书	六·〇五九·五九九	一·五〇五·〇四六
各种图版		一五八·一〇五·七七二	八五·三三二·六四〇
书稿版权		二一二·四八二·五七一	一二六·四七七·八六七
生财装修		一〇四·六四五·〇〇四	六一·七一二·七二四
分局资本	自设六分局资本	一五〇·〇〇〇·〇〇〇	一五〇·〇〇〇·〇〇〇
附业股本	附设各事业股本	一一·四〇〇·〇〇〇	一一·四〇〇·〇〇〇
预付款项		五二·二一〇·一七七	五二·二一〇·一七七
有价证券	购存公债证券	二·二〇四·四〇八	二·二〇四·四〇八
应收期票	收入远期支票	六九〇·〇〇〇	六九〇·〇〇〇
应收账款	应收各户欠款	六六·〇〇〇·一二〇	四六·〇八七·四四〇
分局往来	应收分局欠款	二七九·〇九四·四三〇	二二三·九七五·五四〇
同行往来	应收同行欠款	二一五·五八九·三〇六	一七二·四七一·四四〇
存栈书籍		一·〇九四·一八八·〇四〇	二一八·八三七·六〇八

续表

科目	说明	原数	折实数
存栈文具		四四・七六一・四七六	四一・七七二・六八七
存栈材料	油墨、纸张等原料	六三・三三七・九七七	六○・一七一・○七八
暂付款项		五一・○八六・八○三	五一・○八六・八○三
未完工程	未完工印刷物	三七・○四一・九六七	三七・○四一・九六七
押租压柜		三・八四七・七七七	三・八四七・七七七
库存现金		一九・九五七・七三六	一九・九五七・七三六
合计		二・八○二・一○九・二六七	一・五五一・四七六・八四三

上列财产目录共计一百五十五万一千余元，照原价折去之数，除存栈书籍外，计共达三十六万八千余元。其中机器、工具、铜模、铅字，有减至四折、六折者；图版、参考书、生财装修有减至一折、三折者；而存栈书籍之中更有不计价者。廿二年度结账，经股东年会通过后，则折旧之数，当超过四十万元矣。

各项财产，照现时情形，有超过原价者，如广州分局所置之房地产，原价二万九千余元，折实作二万六千余元，其实则现时该处房地产，实价五万三千余元。又如各种机器、工具，现值亦照原价为高，兹更列表如下：

名称	数量	原价	现值
胶版机	一部	二万五千二百零四元	三万二千元
石印机	一部	三千一百八十元	三千七百元
揩金机	一部	三千一百八十一元	四千元
切纸机	三部	七千四百七十一元	一万一千元
大小印石	四百块	六千四百四十二元	七千元
凹版轮转机	二部	三万六千九百五十八元	七万二千元
凹版人力机	十五部	三千六百六十七元	四千元
电镀机	二部	一千五百八十九元	一千八百元
发电机	一部	三千五百九十九元	三千九百元
雕刻机	二部	三千五百四十七元	四千元
电力打洞机	二部	三千三百八十五元	四千二百元
人力打洞机	九部	三千零八十元	三千四百元

续表

名称	数量	原价	现值
大英机	八部	一万五千五百四十二元	二万一千五百元
三色版机	二十部	一万七千二百四十二元	一万九千元
铸字机	七部	一千五百九十八元	一千五百九十八元
钻机	一部	一千零六十九元	一千二百元
照相机	二部	四千六百七十九元	五千八百九十元
纸质及浇版机	三部	七百九十六元	八百元
铜模	七副	五千六百九十六元	五千八百元
铅字	九万磅	二万五千八百六十七元	二万五千八百六十七元
其他		二万五千六百八十六元	二万五千六百八十元
合计		十九万九千四百七十八元	廿五万八千三百四十一元
公司估价	平均七折	十五万八千五百三十八元	

兹更将各自设分局，廿二年之存货、账欠原数，及折实数，列表如下，以明各分局之财产情况。

分局	存货原数	存货折实数	账欠原数	账欠实数
北平分局	三〇·七三七·五六七	一九·四〇二·四八五	三二·四五一·〇六六	一二·九八〇·四二六
天津分局	二九·六四四·六三五	二二·〇九〇·九〇八	二七·九〇五·七二二	一九·五三四·〇〇六
长沙分局	四六·一五七·九八五	三二·四一五·一九二	四三·六九六·〇六五	二七·七九八·八九九
重庆分局	三八·二三七·七一五	三二·五〇二·〇五八	二九·〇二六·二四六	二三·二二〇·九九七
杭州分局	三一·一二一·〇〇二	二九·七四一·六二八	一六·二〇六·七八二	一四·五八六·一〇四
广州分局	八六·一七二·九七二	八一·八七八·八四七	四九·一四九·六八五	四六·六九二·二〇一

175

续表

分局	存货原数	存货折实数	账欠原数	账欠实数
合计	二六二·〇七一·八八〇	二一八·〇三一·一一八	一九八·四三五·五六六	一四四·八一二·六二三

九、今后计划

大东书局在过去十八年中所经营之业务,要皆随时代之变迁而逐步推进,故所贡献于社会者,至深且巨,前文言之甚详,自无待赘述。惟凡百事业,不进则退,本局仅有十八年之历史,数十万元之资本,而有此惊人发展,初非得之偶然。况今我国宪政,行将开始,国人咸感需要出版、印刷之供给,与衣食住行视为同一重要。本局即已获得今日之地位,又安敢苟安,而不谋进展。□世界经济,形成不景气之状态,一切工商业之发展,似多蒙其影响。惟出版、印刷为文明先导,为求经济之发展,研究景气之变动,与夫救济不景气之现象,无不以出版、印刷是□。故出版、印刷,不但不可一日宣告停顿,更须磨砺猛进,日求扩大,此乃必然之事实,未可以常论衡之。

然则将如何以求发展,曰:当审度情势以应时代之需要;集中人才与经济以谋各方之扩充。

就我国之现状言,国民能富有世界知识,而深于爱国观念者,尚居少数。处此农村经济衰落之际,为求教育之普及计,首当使出版物有最廉价之供给,俾□国妇孺,咸获读书识字之便利;不论男女贫富,共沾文化之惠,以符先总理手定之《建国大纲》男女教育机会平等之原则。此其一。

出版物而但求价廉,诚非难事。我国廉价之图书,几如汗牛充栋,俯拾即是,其在社会之劳力,殊足惊人,而考其内容,则皆光怪陆离,为害匪浅,他如印刷纸张之劣,更不待言。是为足以促进教育之进步,甚且为教育之障碍。吾人欲扫除此种障碍物,必须有优良之读物代之而兴,务求质量俱佳,且有多量之供给而后可。此其二。

凡完整之国家,其国民思想之革新与统一,出版界恒负有主要责任,凡欲造成一中心思想,出版物具有最大力量,故必搜集思想家之名著以刊行,而后可以得到文化的续进。此其三。

国内固有文化之保存与近代文明的绍介，亦为出版界重要职责之所在，我国固有之文化，何代□有：异本散见于各国，而国内反罕见者有之；巨籍藏诸私箧，而国人未及共赏者，亦恒有之。倘能集其大成，必为蔚然大观。至于近代文明之推进，日新月异，更当努力绍介，俾国人致力于学术上之研讨，无虞饥荒，允属必要之图。此其四。

综上四端，皆荦荦大者，故本局今后所负之使命，尤为重大，必须努力猛进，以靳有造于国家与社会。然业务之扩展，必须有相当之资金，本局十八年来之经营，规模粗具，以言生产，虽出版方面种类具备，但需求量的增加，以期普遍。印刷方面，机器工具以及技术，无不精美，但需求力的充实，以供大量生产。故为今之计，基础既已日臻稳固，倘不以锐敏之目光，力求进取，有目的之计划，再图精进，又奚能使本局跻于出版界优越之地位，而完成所负之使命。依上述情形而论，本局资本原有五十万元，不足以谋发展，必须收足一百万元，方能措置裕如。今除原有资本外，先增资二十万元，俟本期增资计划完成以后，当再续增，以期收足一百万元之定额，兹先将本期增资后之营业方针，分述如此。

（一）集中实力以增厚生产　　查本局最近营业状况，以中小学教科书为大量生产者，家庭教育用书，儿童用书次之。惟教科书与儿童用书等，必须种类齐备，推销斯易，备货充足，营业可广。就教育部十九年度之教育统计，国内已就学之儿童数，为一〇·九四八·九七九人；初中学生数为二一七·八六七人，其所需之教科书数量，合各科各种用书计之，每年当在二万万册以上。即以现有学生数每人每年平均总共消费二元计，其数量亦须达二千万元以上。以本局之过去出版方面营业总额言，为五十余万元，所占数额，诚微乎其微，若能增厚资本，以求扩展，则依本局之生产能力与地位，固绰有余裕，以此为业务之主干，既觉稳定，而盈利自在意中。

（二）有价证券大宗承印以裕收入　　查本局过去之印刷收入，与年俱进，早有精美廉速之信誉。其中尤以承印有价证券，为收入之大宗。本局即已获得此种优越地位，且目下各省市政府新发引之钞票公债，日有所闻，则有价证券之营业，自有增而无减。惟此项印刷营业，以现状言，每月恒须垫付巨额工料，倘欲求得大宗承印，垫付工料，必且倍蓰。尤非增厚资本，不足以语此。

是故本期增资之运用,仅所以使本局现有之计划,求其充分实现,以适应时代之需要,犹未敢云乎对于本局之事业,有任何之扩展。欲图充分扩展,必将于本期计完成之后,再续增资本,以期合成一百万元之定额。则本局当以第二步所增之资本,运用于(一)自建厂屋;(二)添备各种最新印机;(三)扩充书籍营业;(四)自设教育用具制造厂。自此而后,本局对于所负之重大使命,就其所发生之力量而言,谓为推进一国文化之枢机,足以当之而无愧。

综上以观,本局对于增厚本,实具有种种安全之保障,如:

一、生产能力充足

二、营业地位优越

三、逐步计划确定

凡投资者,必将共最有利之事业,咸愿踊跃加入,用使本局后此之光荣,与投资诸君共之也。

大东书局生产能力	平版、凸版、凹版各种印刷无不具备;机器一百余架,职工四百余人;任何印件俱能印刷,设备允称第一
大东书局营业方针	组织严密,管理有方,资本运用得宜;集中实力,借以增厚生产能力;承印有价证券,出版各类图书
大东书局前途远大	十八年来基础巩固;出品风行全国,发行遍于各地;教科用书及印刷均为生活所必需
大东书局稳健可靠	营业地位优越,印刷全国闻名;官红利有相当保障;新旧股东一律待遇

大东书局增股简章

一 本公司股份总额一百万元。

一 本公司股份每股银圆一百元一次收足股票。或一股一张,或五股一张或十股一张由股东酌定依照填给。

一 本公司招股期间,自即日起一经足额,随时截止。

一 认股者请填写认股证书,将股送交上海四马路本公司总管理处主计科掣取股款收据。

一　认股人缴股后,即于次日起,按照本司章程计算股息及本年度红利。

一　认股人以中华民国人民为限。

一　新股份与老股份一律待遇。

原载《大东书局之过去情况与今后计划》1933年

1934年

大东书局之一风波《到北平去》的电报问题

其 君

无线电报未开创以前,有线电报为通讯唯一机关。民十二年前,沪平直□通畅之时,普通商电,十分钟可到北平,各大银行商号,类能遵及。今因国府南迁,改由天津局□递,虽多一手续,□速率不减□年。盖机件精良,管理得法也。兹有四马路大东书局出版之新自然教科书《到北平去》一科,内有"打电报到北平,经有线电,须一天或两天才到,不如无线电当天可到"等语。为电政当局所见,认为系凭意言传,有心毁谤,乃由电政公益会延秦联奎律师去函警告,并派职员报告捕房,再由第三者出面□停,负责停版。闻交通部由该会报告,亦已咨请教育部转令制止该书发售矣。

原载《时代日报》(1934-02-16)

大东书局课本波折续闻

若 般

本埠大东书局出版之《新生活自然教科书》第七册第四十一页《打电报到北平》一课,内载称"上海至北平电报,路上要经过南京天津等几个电报局传递,大概要一天或两天才能接到"云云,致激起全国电报局人员之公愤,纷纷呈请交通部转启教育部饬令更正。同时并请全国电政同人公益会延蔡六乘律师向大东书局交涉等各情,已志前报。同时大东书局,亦备文答复交通部及蔡律师,谓已遵部令更正,并将存书一律删改,原印本,早已停止出售等语。惟近同人言,实际上该书局仍将所存原印本出售,电政同人公益会,最近曾向该书局购买多次,均属原本,并未删改。该会恐其否认,持于本月十日又派员至福州路大东书局总店购买四册,仍属原本,益认大东书局存心欺骗,故作恶意之宣传,当场即请□捕证明,并报告捕房。一面又请第三者许某到场,证明柜内所存放之五十余册教科书,尽系原印本,以防抵赖。闻此事该会除呈报交通部外,并请律师再与大东严重交涉,刻正在积极相持中,至关于上项消息,经各通讯社访得后,曾一度分发各大报,不知为何各报均未刊出,一般神经过敏者遂咸疑该书大有神通云。

原载《时代日报》(1934-02-19)

大东书局自然教科书风波后续*

径启者顷阅,二月二十日贵报载《大东书局自然教科书之风波》一则查与事实不符,兹逐条说明如左:①本书是经教育部审定,本局无权任意删改;②"以前版本不许发售",本局并未奉到此项部令;③上年十二月,本局遵教部令,重行修改,以免纠纷,将重版修正本送部备核,一面通知各分局将存书来局调换,仅此项重版修正本呈部后尚未奉批;④春季为第二学期,该课适在第七册,各学校现□采用本册之必要,谓为存心□□,实无其事;⑤有线无线同为国营事业,不容□□为有恶意宣传之理;⑥本局对于此事极为注意,悉遵部令,妥慎办理,诚恐各界发生误会,致碍本局营业,用特函达,即希贵报赐予注意,登入来函更正,无任感企。

此致
时报馆。

大东书局总店敬启
二月二十日

原载《时报》(1934-02-21)

大东书局经理贩卖日货铅笔被缉拿*

大东书局经理贩卖日货铅笔
沪法院派警来锡拘拿
因勾串日商假冒大华铅笔商标
经理薛之行早经潜匿拘捕未获

香港龙山大华铅笔厂,在上海老靶子路设有分厂,经理伍仲山。本年一月间,有该分厂跑街沈仁民与无锡城内寺后门大东书局经理薛之行,假冒大华商标,向日商定制大批铅笔,在各处矇销,锡地亦被反日会查获,现正在处罚中。本月一日,该分厂伍经理报由老闸捕房派华探目沈锦文,将沈仁民拘获,解送第一特区法院,判处徒刑四月在案。前日伍仲山呈准第一特区法院,出拘票一纸,派华探沈锦文,会同原告,携文来锡,住新世界十八号房间。于昨日上午,携文赴县法院报请协拘,当由钱首席检察官饬派法医陈作声、周亦勋会同前往大东书局拘捕未获,后再赴洛社薛之原籍拘捕又未获,即向县法院取得回文,于当晚返沪复命云,锡山通讯社。

原载《人报(无锡)》(1934-02-21)

大东书局教科书纠纷*

电政同人公益会具状第一特院谋法律解决

控经理编辑六人:诋毁国营事业毁损名誉等罪

本埠大东书局出版之《新生活自然教科书》第七册第四十一页《打电报到北平》一课,内载"上海至北平电报,路上要经过南京天津等几个电报局传递,大概要一两天才能接到"云云。自为交通部电政同人公益会阅悉,以所载完全与事实不符,致引起全国电报局人员之公愤,旋经该会叠问大东书局严重交涉,未得圆满解决。该会正副委员长何家成、俞则照特延蔡六乘、孙祖基二律师以故意诋毁国营事业,损害国家利益,并以文字散布于众,毁损电政同人名誉,影响生计等罪,具状第一特区法院,对大东书局经理沈骏声及编辑蒋息岑、胡颜立、张若南、陆长康、陈致中等六人提起刑事自诉,请求治以应得之罪,原状略。□缘被告等编辑发行《新生活自然教科书》,由大东书局出版。

原载《时报》(1934-02-22)

大东书局简讯

廉价赠券之盛况。四马路大东书局,自二月二十日起,举行廉价赠券,教科书及本版书,一律照原售实价八折,购满一元,加送书券□角;文具及外版书，照原售实价九折；自来水笔，自七折起购满一元，均加送书券一角，并有文具及书籍特价品六十余种发售。尤受顾客之欢迎，故连日该局门市，殊形热闹。

《儿童良友》预定将近截止，该局所出版之《儿童良友》月刊，为教育专家马客谈、蒋息岑诸君所主编，内容趣味，颇能适合儿童之心理及求知环境。在预定期内，全年仅收大洋一元，加送书券四角，二月底满期后，即将停止赠券，闻该书第二期现已出售。

原载《申报》（1934-02-22）

大东书局纠纷中之又一波

海 客

电报局将谋对付某大报

大东书局与电政同人会公益会间之风潮，本报曾有详尽之纪载，讵此一事，又惹起节外生枝，而使上海电报局，对某大报，表示不满，并将有所对付。缘此事既成纠纷后，上海电报局方面，特将经过情形，托由某通讯社撰成新闻，分送各报刊登。各报馆方面，一则因大东书局每年刊登之广告颇多；二则因报馆人员与该书局方面，有友谊者颇多，是以当夜对是项稿件，未能采用。而电报局方面，见次日各报均未登出，探悉其内幕后，遂即由该局具函致各报馆，请求刊登载，并自行撰稿直接送各报馆。翌日有若干家报馆照刊外，素以销路最广，执上海报界牛耳之某大报，仍未刊出，致引起该局及全体报务员之公愤。以各报均能照刊，而该报独不采用，显系有意为难，故对于该报，极表不满。并以电报局之于报馆，尚有相当感情，如各方发出之重要硬性新闻电报，该局方面，均亲自代译，并分送各报，且不收任何费用。故报馆方面，对该局发出之广告，亦不收费刊登。此次对大东而发之稿件，该报独未采登，故决采取封锁政策，有硬性通电时，对于某报停止译送，俾遇重要新闻，他报俱有记载，该报独付厥[阙]如，并将派员前往，先行交涉云。

原载《时代日报》（1934-02-25）

电政会诉大东书局进行和解

大东书局出版之教科书内,有以电报为教材之科目,言拍往北平之电报,须费两日时间。经交通部电政同人公益会阅悉,以该书所述,绝非事实,作为学校课本,殊使读者对于电政感受不良印象,电报业务大遭影响。该会正理事长何家成、副理事长余则然为维护电政信誉起见,特延律师具状第一特区地方法院,对大东书局负责者沈骏声、蒋息岑,及编该书之胡颜立、张若南、陆长康、陈致中等,提起妨害名誉之刑事自诉,请求依法治罪。沈等被控后,即挽人出面调停,业已数度谈判,犹无解决之策。昨日午后第一特院黄推事开庭传审。编书之胡、张、陆、陈四被告,均在南京,未能投案。沈蒋两被告,则延律师到庭声明,现正进行调解,请求展期,原告律师亦不反对,黄推事遂论改三月十四下午再讯。又申时社探悉调解内容,一、由大东书局登报道歉,二、焚毁所有谬误教科书,三、赔款五百元,昨日本为庭期,双方律师遵论在调解庭商洽。闻结果渐趋接近,事态或不致扩大云。

原载《民报》(1934-03-01)

大东书局教科书纠纷将解决

我 闻

公益会将宣布经过

大东书局与电报局报务员之教科书文字纠纷,自发生后,形势曾一度紧张,并由电政同人公益会,出面向大东书局提起刑事自诉。前日虽曾一度开庭,因有和解希望,故已改期再讯。现此事已由某君与公益会所聘律师孙祖基商洽,几经奔走,双方意见已较进步。公益会方面,前次委托律师,致函大东书局,提出之三点,大东书局已表示可以容纳,惟对赔偿损失之数目太巨,大东无法赔偿,此点遂成为解决中之一大关键。经调解人之努力,公益会方面已表示让步,对提出赔偿额数,已允减少。其解决之三点,计为:(一)大东方面登各大报封面广告十天,向电报人员道歉,广告措词由公益会代拟,双方业已同意(惟公益会方面,将另行登各大报封面广告一个月,宣布交涉经过);(二)所有该项教课书,择期一律焚毁,由公益会派员到场监视,此事因教育部焚毁该书之命令,业已到沪,故不成问题;(三)赔偿损失,其数目经中间人之奔走调停,公益会表示让步,大约数目为律师公费,及公益会广告费而已,为数并不多,此点日来虽尚在谈商之中,惟当可即行解决,决不至成为僵局也。

原载《时代日报》(1934-03-03)

电报局与大东书局和解

道歉……毁书……赔偿

大东书局《自然》课本《打电报到北平去》一文,引起电局人员之反应。由全国电政同人公益会出面,委律师蔡六乘等,刑事起诉大东书局于特区法院。原定上月廿八日,在第五刑庭开审。上海电报局方面,除在班工作人员外,员司差丁等共三百余人,预雇汽车十辆,到院旁听。至十一时,忽接到公益会电话,据云控案已由双方律师和解,其条件为:(一)大东书局登报道歉;(二)销毁书籍;(三)赔偿名誉损失五百元。电局人员接电话后,初极不满意和解,众势汹汹,几群赴大东问罪。后经业务长极力慰劝,始各散去。然而汽车费与饭钱等,已大家破钞,损失不资矣。

原载《时代日报》(1934-03-03)

交部电政会控大东书局案昨解决

交通部电政同人公益会,前以大东局出版之小学教科书内,载有"由上海发电至北平,须经过四日,方能到达"与事实不相符合,遂提出交涉,并呈经该局于第一特区法院。嗣经各名人从中斡旋调解,法院亦谕令和解,双方经数度磋商,业于昨日成功。其内容共有三点:㈠大东书局登申新时事各报正式道歉;㈡将所有讹误之教科书,送交教育局,由电政会派员监视焚毁;㈢赔偿手续四百元。一场风波,遂告平静,闻双方已向法院撤销诉讼。

原载《申报》(1934-03-11)

杭州大火损失调查

廉价期内之大东书局为最巨

杭州讯,昨日上午十点四十五分时,本市发生火警甚烈,略情已志《时报》。现经记者调查所得,火由保佑坊九号美华制服店楼上□屋顶而出,霎时间向南面延至六号大东书局,北面波及十三号马玉山糖果公司。未几救火会暨省会公安局消防队相继赶到,竭力施救,但火势猛烈,扑极为难,致延变一小时半始告熄灭,结果已焚去房屋六幢。损失除美华制服店约一万元,马玉山糖果公司约两万元外,因大东书局适在廉价期内,上海总店运杭之货颇多,故损失严巨,约有五万五千元之数,保险只有二万五千元。事后由公安第一分局将美华店主妇陶王氏、大东书局经理严梅身、会计钱恒甫、马玉山经理胡渭庭等传案。经局员柯制明讯问,互相推诿,惟火□系由美华楼上穿出,故火首以陶王氏关系严重,现除准钱恒甫、胡渭庭等交保外,陶王氏送请上峰核办。

原载《时报》(1934-03-14)

大东书局创办小学公民训练成绩竞赛

上海四马路大东书局以正式课程标准颁行,并新生活运动实施之初,关于儿童公民训练的实施研究,及鼓励儿童注意新生活活动等事项,实有提倡之必要。爰于六月十五日起至九月十五日止,在上海福州路三一○号该局总店内举行小学公民训练成绩展览竞赛。凡上海公私立全市各小学,均得参加,手续异常简便,并订有展览参加评判,赠奖参观等详细办法,兹探录如下:(展览成绩)出品以公民训练有关之"图表""照相""印刷物"为限,如有其他实施方面成绩,尤表欢迎。(参加办法)参加各校应于五月二十日起,至五月三十一日止,在此期内派员持学校正式公函,向福州路三一○号该局推广科登记。该局即依登记先后为序,排定陈列日期,于六月五日前,以书面通知准备出品。务于排定日期前一日,参加学校派员携带成绩,前至该局,会同陈列。(展览地位)该局特画出大型橱窗一具,无条件供给参加者之陈列,其期限为三日。每次陈列一校或数次,视成绩多寡而定。(评判方法)该局除敦请教育专家严密公正评判外、并印就评判证一纸附于《儿童良友》第一卷第六期"公民训练专号"内,由各校公开评判之。其评判理由,一经汇集后,再由该局请定之评判员,斟酌决定名次,登报公布。(赠奖)除参加各校,每校赠送该局出版之《公民训练用书》优待券外,其竞赛成绩最优之前十名,均赠《公民训练用书》全套一百册,前三名并加赠名人题额或银盾绣旗等。(参观)于六月十五日起至六月二十一日止,各校儿童至该局参观者,均赠送《儿童良友》六月号一册;六月二十一日起至九月十五日止,预定《儿童良友》全年者,减收八角;预约《公民训练用书》一百册者,减收四元。

原载《申报》(1934-05-14)

大东书局举办算术游戏

上海四马路大东书局,自十月二十日起,举办算术游戏一种,以算题十个,空去其加减乘除符号及答数,任凭参加者填写,其原答案早经缮就封固,陈列于该局橱窗内。凡在该局够买本外版图书、文具、预定杂志、委印大小印件满洋五角者,均赠算术游戏题纸一份,多购类推,照式填写,倘揭晓后与原答案相同或最相近者,可得巨奖。一等奖为史德华吉尔父八灯落地无线电收音机一座,二等奖以下有五灯收音机、风琴、口琴等名贵赠品。且不论中奖与否,凡将填就题纸交于该局时,均可换取书券一角。办法极富兴味,手续亦至简洁,故连日参加者,殊形踊跃。

原载《申报》(1934-10-23)

为据上海大东书局举办小学公民训练成绩竞赛请通令令[公]私立各小学参加仰知照

上海市教育局训令教字第一九八四五号

令本市公私立小学

案据上海大东书局呈称:"窃查教育部颁'小学新课程标准首重公民训练'一科,所以发扬民族固有道德养成,健全公民。本局负荷出版界之重任,对于教育材料之供给，自应努力为之。因即延聘专家，从事新生活公民训练教材之编辑，现已陆续出齐。惟是项材料选择匪易，内容或有未臻完善之处。计自新课程标准施行以来，一历一载，本市各小学对于公民训练之设施，夙有研究，其成绩必斐然可观。本局为提倡小学公民训练的实施研究，并鼓励儿童注意新生活活动起见，爰拟创设小学公民训练成绩展览竞赛。一方面征集各校公民训练之实施研究之成绩，用为本局改进公民教材之助；一方面即以鼓励本市各校儿童，对于新生活运动深切之注意，或为钧局所乐许，以观其成也。理合拟具小学公民训练成绩展览竞赛办法，计一百份，随文呈请钧局鉴核。俯准通令所属公私立各小学校踊跃参加以资鼓励而利进行"等情。据此，合亟检发附送竞赛办法，仰即知照。此令。

附发小学公民训练成绩展览竞赛办法一份。

中华民国二十三年五月十八日
局长潘公展

上海大东书局创办小学公民训练成绩展览竞赛

一、主旨　提倡小学公民训练的实施研究并敲［鼓］励儿童注意新生活活动。

二、日期　六月十五日起至九月十五日止。

三、地址　上海福州路三一〇号大东书局总店。

四、参加团体　凡上海公私立全市小学校均得参加。

五、展览成绩　出品以公民训练有关之"图表""照相""印刷物"为限，如有其他实施方面成绩，尤表欢迎。

六、参加办法　参加各校应于五月二十日起至五月卅一日止，在此期内派员持学校正式公函向福州路三一〇号本局推广科登记。本局即依登记先后为序，排定陈列日期，于六月五日前以书面通知准备出品，务于排定日期前一日，由参加学校派员，携带成绩来局，会同陈列之。

七、展览地位　本局特划出大型橱窗一具，无条件供给参加者之陈列，其期限为三日。每次陈列一校或数次，视成绩多寡而定。

八、评判方法　该局除敦请教育专家严密公正评判外、并印就评判证一纸附于《儿童良友》第一卷第六期"公民训练专号"内,由各校公开评判之。其评判理由,一经汇集后,再由该局请定之评判员,斟酌决定名次,登报公布。

九、赠奖　除参加各校,每校赠送该局出版之《公民训练用书》优待券外,其竞赛成绩最优之前十名,均赠《公民训练用书》全套一百册,前三名并加赠名人题额或银盾绣旗等。

十、参观　于六月十五日起至六月二十一日止,各校儿童至该局参观者,均赠送《儿童良友》六月号一册;六月二十一日起至九月十五日止,预定《儿童良友》全年者,减收八角;预约《公民训练用书》一百册者,减收四元。

《上海市教育局教育周报》1934年第241期第7-8页

大东书局委约许公鉴先生主编"民众文库"指导社教教材班同学撰著

本大学社会教育讲师许公鉴先生,对于民众教育有精深之研究及丰富之经验,平时撰述甚多,发表于国内各著名民教杂志,颇为民教界所乐诵。上学期编就《民众教育实施法》一书,都二十万言,为当今民众教育界之巨著,已由上海大东书局出版。最近又受大东书局委约主编"民众文库"。许先生拟指导本学期选读社会教育教材研究班同学分担编撰。预定第一学期中编就一辑共二十本,到学期终由大东书局以现金买稿,俾于同学学费有所裨补云。

原载《大夏周报》1934年第11卷第1期第22页

大东书局之教科书纠纷

上海大东书局出版之《小学自然教科书》第七册第十九课内,因载有"上海至北平电报须一天或二天"等语,交通部电政同人公益会认为毁坏信誉,该会近特通告会员云:本会迭据各方会员报告,大东书局《自然教科书》第七册第十九课内载"上海至北平电报须一天或两天方到",捏造事实,毁坏有线电报信誉,污蔑同人办事弛懈各节,当请律师去函交涉。据该书局复称已遵部令更正,旧印本早已停止出售等语,讵事实上该书局仍以旧印本出售,本会最近曾向该书局总店购买多次,均属旧印本。该书局对于有线电报之恶意宣传,显属有意,除依法起诉外,特此通告周知。

原载《出版消息》1934年第30/31期第7-8页

教育部转饬采用大东书局新生活小学教科书*

教育厅训令第四〇九号(二三,五,一七.)

令省里中等以上各学校(有附小者)、昆明市政府、各县区教育局

(登报代令不另行文)

案据大东书局云南分局经理闻玉雄呈称:"窃维小学新课程标准颁布后,敝局为补助教育普及,培植国家人材起见,特聘请富有教学经验之编辑专家,依据新课程标准特编新生活小学科书全套。兹已完全出齐,且经教部首先审定,前经呈请通令采用,嗣奉令第九五九号饬将教科教授全套呈送钧厅核夺。用特检同该套教科书,计初小《国语》《算术》《社会》《自然》一至八,每种八本,共计六十四本,又《公民训练》共廿册,并抄呈部颁审定执照。仰祈通令各市县教育局酌予采用"等情。据此,查各书既经教育部审定,发给执照,应准通令采用。合行令仰遵照!并转饬遵照!此令。

原载《云南教育》1934年第3卷第4期第42页

1935年

许公鉴先生新著《民众教育宝[实]施法》出版
大东书局印行

本大学社会教育讲师兼大夏民众教育实验区主任许公鉴先生,本其四五年在江苏省立教育学院暨复旦大学本大学等校教育经验实验研究及任江苏省社会教育视导专员考察之所得,著成《民众教授[育]实施法》一书,即日出版。全书共分十章,对于民众健康、生计、政治、语文、家事、体乐等六种教育的实施法及民众教育馆、民众教育实验区的经营方法,均论述无遗。都共二十五万言,内容极为丰富。诚为民众教育界一本极合实用的巨著。

原载《大夏周报》1935年第11卷第15期第483-484页

大东书局小学教科书书目

南海县教育局训令　育字第三九八八号

廿四年六十一日

令县属各级小学校校长

现准大东书局公函内开:"查小学厅一律采用教育部审定教科图书,经由教育部颁发教科图书审定一览表,令饬广东省教育厅转令贵教育局分饬所属公私立小学校遵照在案。敝局认为此举不惟于学校方面,采用审定教科图书有深切之认识,即一般失效书籍,亦将无从混迹,殊足为教育前途庆幸。现敝局为更进一步,使各地学校对审定教科图书有直接之认识起见,特检具敝局出版、教育局审定《新生活小学教科书一览表》一份,随函呈请鉴核,准予将敝局审定图书,依据一览表分函所属各公私立小学校介绍,以宏教育,而便采用,实级公谊。此致"等由。

准此,合将该项教科书一览表令发,仰即酌量购用可也。

此令!

附发大东书局小学教科书一览表一份。

书名	审定执照
初小国语	审字第一号
初小算术	审字第三号
初小珠算	出全例不送审
初小社会	审字第五号
初小自然	审字第二十号
初小常识	审字第五十六号
初小卫生	呈审中执照待颁
初小美术	经教育部审定，准予发行，例不颁发执照
初小公民	出全例不送审
初小劳作	出全例不送审
初小说话	出全例不送审
高小国语	准予审定执照特颁
高小算术	审字第四十四号
高小卫生	审字第四十八号
高小社会	准予审定执照特颁
高小自然	准予审定执照特颁
高小美术	经教育审定，准予发行，例不颁发执照
高小珠算	出全例不送审
高小公民	出全例不送审
高小劳作	出全例不送审

原载《南海教育月刊》1935年第22期第91—93页

各书局印象记（续）（节选）

李衡之

七、大东书局

以印刷所起家，经理善于"营业"的，是大东书局。

四年前，在读者心目中地位不及"亚东"的大东书局，忽然来了一个突变。"大东书局大收稿子"，海上文人辗转相告，每日下午四五时，大东总厂二层楼上一间小小的会客室中，挤满了各式各样的"卖稿人"。等着，等着，"希望"而又"恐惧"的神色表现于每个客人面上。姗姗而来的见《好莱坞游记》作者，新由南京政界退休下来的总编辑孟先生。全室起了一阵骚动。孟先生的判断力实在惊人，不到一小时中，可以应付了全室的客人，并决定好几部稿子的取舍，这样轻易，大有令人想到：这好像是在买青菜咸鱼。在头二天，孟先生差不多使每个客人都带着笑容回去。

接着大东的新屋落成，建筑的宏伟，与商务及中华鼎足而三。接着是《日报》上巨幅的广告，篇幅之大，开书业广告之先河。

但是，曾几何时？大东在教科书上的竞争，遇到了阻碍，《现代学生》万难与《中学生》相竞走，接着又是什么家庭教育运动、数学游戏、加股添开分店……种种，其作用不过成为"盐水针"。现在，大东又回复了以印刷所为生命线的原状，孟先生虽为大东收买了许多名著，但我们读者走进大东，仍感到和未扩充前一样的寂寞。一个出国四年回来的朋友问我："我的那本书已卖到几版了？"我想了一会，回答他说："似乎很久以前，在大东图书目录中曾看见一次过。"

原载《申报》(1935-05-18)

悼王均卿先生

郑逸梅

吴兴王均卿先生归道山，文坛耆宿，又弱一个。予得耗为之怆然悲恸，追怀其生年种种，而不能已于一言。

先生讳文濡，别署新旧废物，为前清明经。主进步书局扶轮社辑政有年。嗣后任职中华、文明二书局，编刊《楹联》《尺牍》等书，学者奉为圭臬。其伟大供献，则为《说库》《笔记大观》及《香艳丛书》，考订衷集，并加提要，其整理国故之功，至今犹有能道之者。又曾与张葦孙、高太痴、邹酒丐辈，合辑《香艳》杂志，若干期后，以费绌而止。

先生颀然而长，目御瑷瑅，慈蔼殊可亲接。尤乐于奖掖后进。予识先生于数年前，其时先生寓居沪上哈同路，予得暇辄趋访之，先生方整辑历代诗选于书城中促膝坐谈，往往移晷。既而先生筑屋吴中北寺塔东石塘桥，曰："曰辛簃。"以为菟裘，与予翰札往还，月一二次以为常。且致翰必询及予之生计境况，恳挚之情，溢于言表，予读之而为之感涕，盖知遇如此，求之末世，不易多得也。去秋，予以岳家事返苏，岳家距曰辛簃近，按址往寻，则精槛面圃，缤纷烂漫者悉为鸡冠、雁来红诸卉，秋色满眼，先生婆娑其间，指点而谓予曰："尔多谈果品花之文，盖搜罗增补之筑为专书乎。"予成《花果小品》一书，此其动机也。小品既杀青，邮贻先生，先生大加赞赏，实则率陋芜杂，殊不值大雅一哂耳。先生于两月前曾来沪，枉驾见访，适予外出未晤，一若天之故靳此最后一面然者，今日思之，为之怅惘。

沈三白之《浮生六记》，为抒情叙之良好读物。最初为一抄本，由先生先觅得，交诸其友黄摩西以谋剞劂，于是普遍于社会。然六记轶其二，先生犹引为憾事，乃再三征索，始于其乡人处得轶稿，欲重印以问世。先生死，不知有人能竟其未竟之志否也。

先生喜制谜，曩时海上有萍社，先生为社中健者。间为联语，无不脍炙人口，一日，孙玉声前辈，出联为"三岛害人鸦雀鹠"，先生对以"百虫让位虎熊黑"。同人叹为工绝。又偶为诗钟，如绣云天、鸿爪格云："湖山锦绣三英地，云汉文章五色天。"典丽熨贴，无与伦比，绣云天，即四马路神仙世界故址也。

生平所著，举凡联语、文虎、诗钟，以及古诗文辞、笔记、杂俎，都数十万言，今春承以刊行事见委，奈卒卒未果，人天永隔，予之负疚深矣。

原载《申报》（1935-08-05）

新加坡总督公布华侨学校禁用课本

商务中华世界儿童大东等书局均有

大部均为史地国语教科书音乐次之

本地华侨联合会昨得新加坡报告，新加坡总督依据一九二六年《学校注册条例》之规定云，禁止华侨学校应用或教授下列之课本。申时社记者兹将该项禁用图书之目录列下：㈠新中华教科书（上海中华书局出版），高级中学用《中国史》下编上册。㈡新课程标准适用课本(中华书局出版)，初级中学用《国文教科书》第一册至第六册、《国文课本参考书》第一册、《中国史》第三册第四册、《中国地理》第三册第四册、《外国地理》第一册、《外国史》第二册、《初中音乐》第一册，高级小学用《音乐课本》第二册，初级小学用《美术课教学法》第六册、《公民训练教导书》第七册、《社会课本》第一册。㈢其他书籍(上海中华书局出版)，《王璞国语会话》全、《标准的国语应用会话新教本》全、《小学公民训练实施方案》全、《最新本国民图》全。㈣复兴教科书(上海商务印书馆出版)高级中学用《中国史》上册、《公民》第一册、初级中学用《国文》第二册第三册、《中国史》第三册第四册、《公民》第二册、《音乐》第一册第三册，高级小学用《公民教科书》第一册第二册第四册、《公民教学法》第一册第二册第四册、《说话范本》第二册、《说话教育法》第二册第四册、《公民训练教本》第二册第四册，初级小学用《说话范本》第五册、《说话教本》第五册、《音乐教科书》第一册第三册第四册。㈤其他书籍(上海商务印书馆出版)，《中英外交全史》、《小学社会教科法》全、《人人读》第四册第八册、《中国史话》第四册、《初中中国国文特种读本》第一册、《儿童作文指导》全、《中国近百年史》上册下册、《新制中国地图》全。㈥新课程标准教科书(上海世界书局出版)，初级小学用《应用文课本》第三册第四册第五册第六册、《现代初小学生文范》第一至第四册、《初级应用文教本》全、《幼稚园社会自然课本教学法》下册、《幼稚园社会自然课本》下册、《言文对照高等作文新范》第三册、《新体商业白话尺牍》上尺。㈦新生活教课书(上海大东书局出版)，高级小学用《国语》第一册第三册第四册、《公民训练》第一册第三册第四册、《卫生》第四册，初级小学用《国语》第六册第八册、《常识》第六册第八册、《公民训练》第六册第八册、《美术教材》第八册。㈧[1]上海广益书局出版书籍《白话新书信》全、《看图识字》第四册、《写信指导法》全。㈨儿童教科书(上海儿童书局出版)，高级小学用第二册、《儿童音乐教科书》第一册、初级小学用《儿童南部国语》第五册第六册第八册、《儿童北部国语》第二册、《儿童中部国语》第七册、《儿童音乐教科书》第七册第八册、《小学校应用歌曲》全、《儿童活页文选》第三辑合订本、《给小朋友的二十一封信》全。㈩上海亚细亚书局出版书籍高级小学用《白话书信》第二册，上海南强书局出版书籍《模范语

---

[1] 原资料无序号八，根据上下文补充。——编辑注

文详选》第二册,上海新中国书局出版书籍《幼稚园音乐教本》全、《书信指导》全、《小学生作文作法》全、《写给小朋友的十二封信》全,上海大众书局出版书籍《幼稚园音乐课本》第七册、《言文对照初级学生尺牍》全、《初级小学用尺牍课本》第六册第八册,上海文华美术图书公司出版书籍《现代学生唱歌集》全,上海开明书局出版书籍《开明国语课本》第六册至第八册,上海中学生书局出版书籍《中学生读书指导》上册下册、《中学生书信》全,上海新亚书局出版书籍《中华歌曲集》全,上海青年全国协会出版书籍《平民千字课》第四册、《平民历史》全、《平民地理》全、《平民书信》全,上海世界与地学社出版地图《世界最新形势图》全、《中国最新形势图》全,上海启智书局出版书籍《现代青年白话信》全。

原载《新闻报》(1935-08-13)

哀王均卿

月　旦

均卿与余谊关桑梓,曾数度相晤,顾均卿不记余号,途中相值,殷殷垂询近况。近闻仙逝,赋此挽之。

桑梓由来须敬恭,况兼旧学满储胸。

只园逝后罕相晤,萍水天涯不复逢。

(君与费只园为同年,余初识君,亦由只园介绍,自只园逝后,遂罕晤君矣。)

吴门卜宅自安居,偶向淞滨一曳裾。

积学于今更谁似,黄垆感逝意何如。

闻道临终神识清,无言有泪自纵横。

感时恒作惊人语,此日空传身后名。

(病时闻不能语,而见人辄垂泪。)

国事蜩螗不可为,如□一瞑更何知。

从今理乱无须问,佛国仙岩任所之。

原载《金钢钻》(1935-08-14)

补记王均卿事

郑逸梅

吴兴词人王均卿归道山，予已为文以悼之，顾犹有未尽者，遂再记之于此。

词人之筑曰辛簃于吴门也，移居之先，嘱予绍介诸星社友，以为他日文酒之欢。不料有无赖少年，冒社兄金季鹤名，向词人乞贷。词人慨假若干金，致书述少年之状态，询予是否季鹤其人。予得书大诧，以季鹤顾然身长，神情潇洒，绝不类书中所述之寒酸也。季鹤知之，更约词人于某酒家以辨诬，且有认明长人为记，庶不致误等语，此一出双包案，侪辈传为趣谈。

予识词人于数年前，一见如故，交订忘年，其时予适遭"一·二八"之难，家室荡然，而一片牢愁，泄诸楮墨。词人因以恳挚之词为慰曰："如有急需，不妨见告，当量力以为济助也。"予婉谢之，然其盛情殊可感铭已。

词人于民国初元，尝发愿辑新彤史，借以增辉女界。如秋瑾、华吟梅等，均收入其中。奈以某种关系，未能成为事实，甚可惜也。

中委褚民谊幼受词人训诲，始终以师礼敬事之。说者以汪兆铭之于朱疆村，于右老之于沈兼巢媲美之。顾词人从不有所委托，盖襟怀冲淡，绝无些子利禄之想也。

词人与程宗伊太史善。太史闻词人噩耗，挽以二律，承太史嘱代发表爰录之以殿我文："頔塘一见便心倾，风雨吴中讣乍惊。邀我无缘虚榻设（君屡次请莅苏州），校雠有术点金成（君以编书起家）。香山望子浑忘老，范式论交敢负生。胜有书碑辜宿诺（君重修明季黄九烟进士墓，撰碑记属书，因湿气缠绕两掌，未果），天涯流涕答君平。曙后星孤思悄然，飘零著作剧堪怜。咀含诗味云嵩集（沪尝谓诗学瓯北），抉择文心惜抱编（谓评注姚选古文辞类纂）。水竹平分轩面圃，沧桑不变砚为田。胡图冢旁要离葬，犹有英风忆昔年。"词人之梗概，亦不难于诗中见之也。

原载《申报》（1935-08-16）

大东书局股东会纪

上海大东书局股份有限公司,于九月八日,假座北京路湖社开第十一届股东年会。到会股东计一百六十二户二千三百三十八权,由董绶经先生主席,通过议案多件,选举杜月笙、董绶经等十五人为董事,王浙明等二人为监察,至五时许散会。

原载《新闻报》(1935-09-09)

大东书局代售秩序册

第六届全国运动会,宣传组注册编配股合编之《大会秩序册》,内容有体育场内部各照片,及每日节目单、记录表、记分表等,为观光全运会必需之品。现为便利观众起见,故特请上海四马路大东书局门市部代为出售,每本大洋两角云。

原载《民报》(1935-10-14)

大东书局与狄平子之讼

季　子

四马路望平街大东书局发行所之店屋为前时报主人狄平子(楚青)之房产。自大东承租以来,历有年所,每月租金为一千四百六十八元五角三分(合规元银一千另五十两)。今岁中秋节前,因积欠租金五个月,致为狄所控追,双方因此互积怨嫌。而大东方面,更若不能须臾隐忍,千方百计,必思有以报复之,特由石颖律师,将当时租赁契约,翻复研究,以寻对方之破绽与缺点,俾资进攻。经石细阅之下,认为契约内对于房捐一节,应归何方负担给付,并无明文规定。大东既已历届代为支付,依法自得有诉请返还之可能。大东书局经理忐恚之下,遂即委石撰状向法院起诉。初审时,推事根据上海通常习惯,大房东例无包括房捐于房租之内者,以是将诉驳回。乃大东当局于初审碰壁之后,仍不能甘心,复上诉于高二分院。本月十五日曾一度传讯,逆料大东之再次败诉,或亦可能之事也。

原载《福尔摩斯》(1935-10-17)

大东书局登报禁止翻印《三民主义千字课》*

教育部准许仿印《三民主义千字课》
大东书局登报禁止翻印
迹近垄断已予严厉制止

教育部编行之甲、乙、丙三种《千字课》,各省市采用颇广。日昨江苏省江阴、南汇、萧县、宜兴、嘉定、川沙等县教育局,因需用该项《千字课》丙种数十万部,特委托上海北新书局代印,业经呈由江苏省教育厅转呈教部核准。据教部主管司负责人称,此项《千字课》,部中本极欢迎各界仿印,除印有样本备索外,并订有《仿印三民主义千字课办法》,于二十年三月公布,刊入本部第三卷第十一期公报及《教育法令汇编》,凡愿仿印者,只须遵照办法,将样本呈部核准,即可印售,并不由任何人专卖,本部亦从未准由任何人或书局专卖。昨忽有大东书局在上海《新》《申》两报有关于印售《三民主义千字课》之告白,本部以其迹近垄断,已予严厉制止矣。至印行以前,必须先将样本呈部者,原系虑有印刷草率、讹误及售价过高等弊云。

原载《中央日报》(1935-11-30)

1936年

大东书局新张廉价

大胡同上海大东书局天津分局,最近扩充门市业已正式开幕。为优待主顾起见,将全部书籍与新近运到之最近出版新书、画报、杂志、文具、纸张,举行廉价,并代理上海黎明书局及新中国、乐华、合众等书局出版新书,一律减售半价。闻自开幕以来,顾客满门,生意十分发达云。

原载《益世报(天津版)》(1936-01-10)

利用灌输文化名义　谭天诈欺取财

汉口大东书局经理王余源起诉
被告在逃候拘获到案再行讯办

书贾皖人谭天,于前年十月间,集资开办书报合作社于望平街,出版各种图书。曾因《新元史》一书,与该书著作人柯劭忞之后裔及编印《二十五史》之开明书店,发生诉讼纠葛。近有汉口交通路大东书局经理绍兴人王余源,委任律师代理具状特二院刑庭,自诉谭天预约出版图书,借此诈财,请求依法究办,并附带民诉,请求判令返还书款一千五百八十四元六角。自诉意旨,略谓被告谭天,开设书报合作社,编印《二十六史》《历代食货》《外夷职官》等志,《新元史》《清史列传》等图书,于报纸登载广告,发售预约书券。自诉人其受委托代售,陆续照价定出《二十六史》六十六部,《新元史》二十七部,《清史列传》二十五部及《历代食货》等志各一部,共计书款一千五百八十四元六角,于二十三年冬,于翌年一二月间,先后将该书款汇交谭天,有收据为凭。据该社之预约目录载明,《廿六史》先出《史记》《汉书》《晋书》等五种,其余如《五代·辽金·宋史新编》《元史新编》及《二十六史研究》等十五种,定于二十四年年底出齐,交付定户。讵谭天收到书款,到期不将预约之图书出版,亦不将书款交还,托词□约至去年十月间,该书社即告收歇。未□责计,设临时通讯处于嵩山路八号,自诉人受预约各书之主顾催询,难以应付。惟被告谭天,以灌输文化之名义,而作欺骗之手段，实触犯《刑法》第三三九条诈欺罪，请求拘案惩办，并令返还自诉人所缴纳之全数书款。法院据状，于昨日上午九时，由推事邱焕□莅刑二庭传审，仅自诉人王余源之代理律师奚翔观到案。陈述案情后，邱推事以被告谭天无法票传，遂谕本案候拘获被告到案，再行讯办。

原载《申报》（1936-04-30）

上海大东书局国医学大成售预约

三百六十五种售价九十元
欲知内容可先购总目提要

上海大东书局编印《中国医学大成》一书，发售预约，此书对国医多有发挥，特为介绍如次：

上海大东书局，鉴于国医之能得病家信仰，端赖历代传统经验之宏富，临床之治效；而经验实多保藏于历代数百家之医籍中。所谓数百家之以籍，自汉迄今，殆有万种，班志而下，历代史乘，著录逸遗佚者无论矣，其间为世所流传者亦不下数千种。有繁重而不实用者，有芜杂而不便翻阅者，有分传而阙略者，有购求无从者。好学之士，欲博览而尽识，穷毕生之心力，亦或有未逮。况国医医籍任何一书，各有专长与价值，欲作有系统之研究，加以选择，真戛乎其难。虽近年以来，市上刊行国医古籍者不少，名曰"丛书"，实则非取材狭隘，限于一家之言，或即无裨实用之所需。求能综合古今中外，研究国医者之名著，各类俱备，取精用宏者，未之有也。四明曹炳章先生为国医之通儒，受大东书局礼聘，本数十年博览群书之经验，竭三年之功力，荟萃古今名著，掇其精华，去其糟粕，加以批校删订，别为十三类，都三百六十五种，名曰《中国医学大成》。书成先刊行编目，广征全国名医之旨趣，六阅月间，得书凡数百通，复从各家之意旨而增订，绝非草率从事者可比。是书现已发售预约，书凡千册，版式划一，南宋体印，精心校勘。一次付清者，现售九十元，且有分期付款办法。在六月三十日以前预订者，更有意外之利益，免费赠送医案医方之名著三种。倘欲知其内容，可先购备本书总目提要一册，自知所言不诬。本书具有三大特点：言其浅可使学医者得有门径；言其深可使医家精参博考，循流溯源，以达于由博而约之境；尤善者无门不备，无书不精，虽万金不易之孤本钞本，亦得以少数之资，易而藏之，计莫善于此矣。

原载《益世报（天津版）》（1936-05-20）

大东书局运到新书

本市大胡同大东书局，最近运到新书甚多，如陈义如编《绘画入门》，定价三角五分；林祝敔著《哲学的复活》，定价三角五分；成邵宗译《家畜的故事》，定价六角；平心著《社会科学研究法》，定价三角；徐懋庸著《街头文读》，定价四角；沈志远著《现代哲学的基本问题》，定价三角；陈唯实著《通俗辩证法讲话》，定价六角；洪绍原译《大战前夜的国际政治》，定价一元，均为最有价值之暑假补充读物。该局并新到有《明星》五卷五期，定价六分；《联华》七卷十二期，定价一角；《健康美》第二期，定价三角；杂志书报一律减售九扣云。

原载《大公报（天津）》（1936-06-23）

大东书局新教科书

"新修正标准"教科书，大东书局编印最早，科目最全。并为遵照部颁教科书改进各点计，每种教科书，均分请教育专家与实施各该科教学之初中教师担任编辑，以期尽合部定原则与标准。现此项"新修正标准"初中教科书，如《公民》《生理卫生》《植物》《化学》《物理》《本国历史》《外国历史》《本国地理》等，均已出售。且为符合教育部减低教科图书售价之规定，其定价极度低廉。如《公民》每册只定一角，其他各书亦未有超过三角五分以上者。

原载《大公报（上海）》（1936-08-27）

大东书局昨开股东年会

福州路大东书局股份有限公司，于十一月十五日，假座北京路湖社，举行第十二届股东年会。到会股东计二千五百十六权，一百六十二户。公推李元白君为主席，报告二十四年度营业状况，决议董事会提案，并选举董康、杜月笙、陶白川等十五人为董事，王浙明等二人为监察人，至五时许散会。

原载《申报》(1936-11-16)

大东书局运到新型日历多种

　　本市大胡同大东书局，近运到新型日记、日历多种。如廿六年生活日记、文艺日记，各定价七角，外埠加邮一角。案头日历，计有常识、卫生、家庭、快活四种，各定价四角，铜座六角，合售一元。记事日历连座一元一角，外埠邮费三角。另有玲珑军事常识日历，底托为钢制蝴蝶形，式样特别美观，每只只售三角五分。新年送礼，最为相宜云。

原载《大公报（天津）》(1936-12-26)

大东书局为内地读者服务

教育用品通信现购章程
中华民国廿四年七月重订

通　则

　　1. 本局为便利读者及学校机关团体等，在内地或国外未设分局或无从购买之处，向本局采购图书、文具、仪器等各项教育用品，特设邮购处于上海福州路三一〇号本局总店。

　　2. 凡属教育用品，本局均有出售，其价目折扣可查阅本局各种目录，并可代为采购各家出版物，其价目折扣与各出版家一律，本局并不另加手续费。

汇款方法

　　3. 向本局邮购各项教育用品，一律现款交易。

　　4. 由银行或银号钱庄汇寄（本局与交通银行、上海商业储蓄银行、中南银行、金城银行、大陆银行五大银行，商定免费汇款办法，凡江、浙两省百元以内，其他各省十元以内，一律免收汇费，如当地有上列五大银行之分支行，均备有免费汇款之邮购图书用纸，可向其索取，按式填写，汇款邮购，无须纳费，兼省信资）。

5. 向当地邮局购买邮汇票,封入信内,径寄本局。其汇银单上请注明"上海邮政储金汇业局兑交大东书局邮购处"。

6. 向当地邮局购买保险信封,将上海通用钞币封入信内,外盖火漆印,径寄本局。

7. 邮局不发邮汇票各地,得以邮票十足通用。但以二角以内上海能通用者为限。其盖有本省限用戳记邮票、外国邮票、旧邮票、已损邮票,均不收受。

8. 来函附有汇票邮票者,均请用坚固皮纸信封,缜密固封,挂号寄递。

9. 南洋日本及欧美各国,可由银行汇兑,或由当地邮局按国际汇兑办法汇款,同时另发一信,通知本局。

10. 国外如因汇兑不便,得寄当地钱币,本局当依照上海市价,代为兑用。但在上海无市价者,恕不收受。

通函须知

11. 通信现购各项图书,其名称、著作人姓名、部数均请详细开列。文具仪器,并请指明牌号或格式用途。

12. 发信人姓名住址,或委托本局代寄他人,其收件人之姓名住址,均请详细开明。除省名县名外,街巷或乡镇,亦祈逐项详列,并望勿用简称,勿写古地名。

13. 来函末行,祈将发信之年月日写明,更宜填用阳历,切勿填用阴历,以免误会。

14. 来函字迹,务以清楚为主,姓名地址,更望用正楷书写,勿作草书,更不可用本地通行之简笔破体字,以致不能认识。

15. 来函有所询问,如事项较多,请将各事标明一二三等条,分段书写,庶眉目清楚,敝局可逐条答复。

16. 承购图书,如名目较多,亦请分项开列,庶敝局配取时,即可逐项照配,较为迅速,且免遗漏等弊。

17. 函发后久未得复,务祈再发一函挂号寄下,函中除说明前寄信函之年月日及在何处发出外,并请将前函事项重录一遍,庶敝局得以稽查有无收到,兼可从速详细答复。

邮运费

18. 通信惠购本局图书寄往国内各行省（蒙、藏、新疆除外）及日本者，所有邮寄等费，一律照书价加二成，有余发还，不足照补。

19. 惠购预约，特价书、杂志、廉价书，及文具仪器，原版四书，或委代配外版图书者，均照章收取邮寄等费，如遇有不能邮寄而须火车轮船装运者，照收装运等费。

20. 寄往蒙、藏、新疆及香港、南洋、欧美各国者，一律照收邮寄或装运等费。

押汇

21. 邮局或路局押汇（即由邮局或路局代收货价）惠购本局各项教育用品者，请先付货价三分之一，押汇费及运费由顾客自理。

附则

22. 文具仪器运寄时须照章纳税，如承惠购，应请宽付款项。

23. 惠购各项教育用品，本局回件发寄之责任，以交到邮局或路局等为止。倘遇失误，只能据情报告，概不赔补。

24. 惠购各项教育用品，无论何物，寄出后概不退换。

上海福州路三一〇号

原载《大东月报》1936年第1期第1页

公民训练的实施和教材的使用

新修正小学科目时数颁布后
公民训练的实施和教材的使用
大东书局敬告全省各小学校

公民训练，重在个别固己，在团体训练时亦必以身体力行为主，儿童倘不能体会训练事项之内容，或不能感到训练事项为其所必需，或不能设计训练事项的如何实行，俱不克达到身体力行的目的。教育部本年二月二十八日修正公布小学科目及每周教学时间总表，有重在平时训练之规定及公民团体训练之时间，每周定为六十分钟（即每日十分钟）。所谓平时训练及每日十分钟应做之工作,即并不如教科书之教学,系完全将合于儿童在学校社会家庭中之生活实际状况,尽所有公民知识与训练之精要部分,纳入故事之中,使儿童阅读研究,无形感受训练,并能于不自觉之中,体会训练事项之内容,故每校均应按其需要采用中心训练(即团体训练)的方法,常使儿童受训之目标得以专注。敝局《新生活公民训练教材》所采编制即本此旨,每册教材分十大单元,每一单元包括有关训练条文若干条,其条文之精义,多归纳于故事之中,专供儿童阅读研究躬行实践之用。其排列方法,完全以课程标准所列之先后为序,各校得就其地方所需选择活用。另编训练法供教师中心训练之用。

教育部第九三三四号训令:内有凡"各书坊所出之公民训练教科书,嗣后各小学亦一概不得采用"系指一般公民训练教科书而言,敝局出版之公民训练教材,为实施公民训练中专供儿童阅读研究躬行实践之一种活用教材,与教科书编制绝对不同。敬希,留意是幸!

廿五,八,四,

原载《南海教育月刊》1936年第31期第3页

训令所属各小学校遵照采购大东出版之教科书四种*

南海县教育局训令
育字第五九五八号

令县属各级小学校校长

现准大东书局廿五年七月十日函开:"敝局之新生活教科书初小《社会》《自然》《美术》及高小《美术》等四种,经荷贵局于二十二年份下学期起,为划一教科用书,以利毕业会考,采为定本,训令所属各小学校遵照采购在案。惟查本年教育部公布修正课程标准,对小学社会、自然有合并为常识一科之规定,同时各级教科书审定有效期间,奉教育部训令一律延长一年至二十六年六月为止。贵局所属各小学校或以课程修改间有于下学期改用常识教科书者,则敝局出版之《新生活常识教科书》内容编制完全采用单元组织,将本局出版之社会、自然、卫生三科极自然的组合而成,于二十四年四月二日呈奉教育部审定,发给审字第五十六号执照,凡各学校如已采用社会自然而欲改用新生活常识教科书者,可无虞有未能衔接及课文重复等,弊用特检,呈样书八册送请审核至初小《社会》《自然》《美术》及高小《美术》等四种,在审定仍在有效期内,各学校均可照应旧采用,特应函达贵局查照,并转函所属各学校知照,以利教育实级公馆"等由,准此。该书编辑尚称得体,除分行外,仰该校长酌购用可也。

此令。

中华民国二十五年七月日
局长区萃仑

原载《南海教育月刊》1936年第32期第3页

大东书局函授学校日文科之新猷

增聘郭沫若、谢六逸诸先生为顾问
松井武男、冈崎俊夫诸先生为讲师

大东书局函授学校,为便利国人研究日文构造,明了日文应用起见,特开日文一科,请孙珍田先生主其事。对于讲义之编制,及教法之改善,一扫普通同性质函授学校之缺憾,务使学者能从短时间内,得到日文之基本知识,以达读、听、说、作、译之五个目的。近为增进教学效率计,特增聘郭沫若、谢六逸、汪馥泉、松尾要四先生为顾问;松井武男、冈崎俊夫、竹内好、李祥麟、熊子骏、李忠枢、王衍臻、王云程八先生为讲师,采用最新指导方法,使学员培增兴味。凡远乡僻镇之学员,有志研究日文者,一经报名入学,即不啻面授,备有详章,函索即奉。

原载《大东月报》1936年新第1期第53页

1937年

大东书局函授文书

　　大东书局函授学校文书科,为训练文书专门人才而设。业经市教育局备案,创立不过一载,大学学员已达数百人。盖其所定课程,完全适合公私机关商号之新需要,而讲义精富,教法切实,尤能使入学学员于短时间内明白应用,可作投考各机关文书人员之准备。学费讲义书,仅收十元,章程可向四马路或各省大东书局索取。

原载《新闻报》(1937-07-11)

1938年

大东书局案头日历现售特价

本市四马路大东书局出版之常识案头日历,历年行销各地,莫不深受欢迎。明年度新日历,早经出版,印刷精致、纸质坚白、比众不同,且增附农历记事等,较前更切实用。现售特价,道林纸历心每只四角,连银色底座,每只八角。

原载《申报》(1938-12-09)

1939年

香港大东书局承印中央银行新辅币券

中央银行现正计划印行新辅币券,计分一分、五分两种。发行总额二百万元,分四批发行。现已由该行驻港办事处与香港大东书局接洽就绪,由该局承印,图样正在绘制中云。

原载《艺文印刷月刊》1939年第2卷第2期第24页

中国邮票在大东书局分印

自总理像票改归香港中华书局承印后,邮票之策源地已在香港,但邮票之需最甚大。中华书局之印刷部,承印以来,忙碌异常,盖邮票票幅甚小,而又绝对不许有所错误。检查之工作,几倍于印刷。故当局近为谨顺从事起见,除由中华书局印出一部外,另由大东书局分印一部云。

原载《新光杂志》1939年第7卷第1期第25页

1940年

大东书局招考职员展期

大东书局招考职员展期延至明年一月五日举行。大东书局驻沪办事处,前奉总公司电,在沪招考文书十名、会计六名,派往内地服务,报名人数异常踊跃。兹因考期短促,纷纷要求展期,特展延至明年一月五六两日举行,有志投考者可径向福州路三一〇号该局驻沪办事处总务科索取简章,办理报名手续。再该局为广揽人才起见,报名手续,已经略予变更,应考者可无须由母校保送,凡持有证件者,可径向该局报名应考云。

原载《新闻报》(1940-12-21)

新邮消息

大东版总理五分票加盖暂作四分发行

伯 江

自邮资增加后,原有邮票分数,已多不适用,故邮政当局复行续印实用分数多种,以资便利使用。但因未及赶印而急切需用之关系,最近乃将港版大东印(橄榄色)无水印五分票,加盖暂作四分之发行,为朱红色楷字体,加盖地位与英印总理二角五作一角,北京烈士四角作八分者相同。并闻此种加盖,将由各省各自加盖,现沪局已有此种出售。似此,该种加盖暂作,恐成为地方加盖之一种。倘系事实,吾侪尚须及时购存,各省会友购寄互换,当收事半功倍之效。所闻如是,却否待证。

浙省大东版总理五分票加盖暂作三分之近闻

邮 迷

自九月二十三日实行邮资增值后,各地小数票,一时有所缺乏,乃由总局通令各省分局,将大东版总理五分票,于小数票未到前,可随时视所需量,临时由地方加盖之。

本月浙江总局,以三分票需量不足,乃将大东版总理五分票临时加盖三分使用。待正式票接到后,即行停印。兹将发行大概情形,略陈于后。

(一)每张分为二大张加盖。

(二)用五分大东版邮票加盖有绿色及橄榄色两种。

(三)发行数约二万枚,以俟港方寄到,立即停印。

(四)加印暂作票系由总局电汇。

原载《天津邮刊》1940年第1卷第5期第40页

1941年

中外公司消息之大东书局股份有限公司*

大东书局股份有限公司

地址总局　香港
驻沪办事处及上海分局　上海福州路三一〇号
分　　局　重庆　衡阳　金华等处
工　　厂　香港　上海

董 事 长　杜月笙
常务董事　王伯瀛　殷子白　吕子泉　许修直
董　　事　谈嵩焘　黄谷梅　李元白　陈玉璋
　　　　　董绶经　唐乃康　陶百川　谢砚馨
　　　　　沈骏声　孟心史(已故)
监　　察　徐益智　王浙明
经　　理　沈骏声

（一）概况——该局专营出版印刷，兼售文具。创立于民国五年九月，初设于上海福州路山西路口，系由吕子泉、王幼堂、沈骏声等合伙创办，规模殊小；嗣以营业渐盛，乃于民国十三年改组为股份有限公司，于是增加资本，设立印刷厂，并将总局迁赁于福州路三百十号营业。同时又收买天津文华书局、上海大东印刷公司、别美彩色照相制版公司及飞龙印刷公司，以期业务之发展。"八一三"后，上海各厂因受战事影响，均已停工，并将大部机件迁港开工，同时又将总局迁至香港。至其所属之各分局，以特约者居多，自设者甚少，故在战时除营业上稍受影响外，直接所受之损失，尚不甚大。

（二）资本组织——该局资本，于初创时仅为三万元，自民国十三年改组为有限股份公司后，始一再增资至五十万元。于民国二十一年又增募家庭教育股十万元,连前共计资本六十万元。计分六千股,每股票面为国币一百元。

（三）历年盈余及股息——该局营业以印刷为主,出版次之,余如文具等物,均系兼营性质,故历年营业并不甚大。统计该局在战前之营业额最多仅百余万元;战后因承印钞券及印花税票等品,为数虽巨,但以近年书业不振,以致营业平平,勉能维持而已。至该局之股息,则甚为菲薄,且不常发,除二十五二十六年并发股息三厘外,自二十七年后,即未曾派发。

（四）股票市价——该公司股票票面价,每股国币一百元。市上虽有流通,但因未发股息,故不甚受人欢迎。近年市价,亦鲜有起色,最近虽有涨起,但仍低于票面价。兹将其近二年来之市价列后:(单位元)

年　份	最高价	最低价
民国二十九年	45.00	30.00
民国三十年(9月25日止)	87.50	44.00

原载《中外金融周报》1941年第4卷第38期第13页

1942年

大东书局股票行情

问：贵刊所载大东书局股票行情，自五十九期以后，迄未再见，请示：（一）该书局股票现时尚可购买否，并其价格如何？（二）关于该书局内容可否请撰文详示（二一五五号定户）？

答：（一）该局股票久未做开，故市价不详。（二）该书局内容，不久本报当发表之。

《华股日报》1942年第121期第3页

1944年

悼大东书局总经理兼本会编辑委员沈骏声先生

居 正

《中华法学杂志》复刊之会,获交骏声先生,盖一大因缘也。骏声先生,少有大志,不陨获于贫贱,不充诎于富贵,致力于文化事业。今人与居,古人与稽,博学而不穷,笃行而不倦。不宝金玉,而忠信以为宝;不祈土地,立义以为土地;不祈多积,多文以为富。随机赴感,誓愿弘深,倘得竟信其志,经论天下之大经,立天下之大本,赞大地之化育,其有造于中华民族国家者,岂曰小补之哉。羌乃显仁藏用,易地皆然,本其弘扬文化心得,寄之于大东书局。三十年如一日,平时对于著作编修,极其审慎明辨,杜绝诲淫诲盗之邪说流行;对于资料技术,极其充实精到,适应日新月异之工业进化;对于发行交易,极其宽信敏惠,方戒使诈使贪之投取行为。其他分别部居,因材器使,大多福利,逮及员工。大东书局基础因之而巩固,规模因之而宏伟,是皆骏声先生之力也。不宁惟是,抗战军兴,淞沪糜烂,凡百工厂,随在内迁。骏声先生于此,采分工合作之法,乘因地取材之便,设分厂于浙江、江西、湖南,置分局于广西、贵州、西川,以总管理处为枢纽,若网在纲,有条不紊。金兰不守,浙厂迁闽,先事豫防,损失减少,尔时群服其智。洎夫香港遇寇,以身系全局之安危,坐守仓库,一任大炮轰于顶,飞机震于耳,职工仆于侧,而不稍避,直至香港陷落以后,收拾余烬,间关脱险,又莫不佩其勇。重庆重来,百工居肆,既成其事,汔可少休,乃不敢自暇自逸,逆料抗战达最后阶段,需要票券供给,较前更为繁重,愿竭所有能力,尽量贡献国家。复稔知建国以法治为中心,当此资粮缺乏之余,非有系统之大量刊物流通,不足普及一般知法而守法。于是本其夙愿,负荷《法学杂志》复刊、印刷、发行之负任,并拨冗参与编辑,以次及于《法令周报》《最高法院判例要旨》《法学丛书》等等,务使于豫定期间,排除万难,达成其以服务为目的之初衷,利市亏损非所计也。呜呼!不幸因此而积劳成疾矣。方疾之初起也,消化不良,间或感冒,延医诊断,均嘱静养,同人亦以为言。骏声先生则以平日总揽一切,事必躬亲之故,一旦放下,陨越堪虞,故仍不遑启处,力疾从公。中间小愈，赴歇马乡北碚，访问立法司法中山文化教育馆及其他文化界，诸法家弼士，一种为求法故不惜身命之无畏精神，四筵大为感动。无何闻入疗养院检查，偶尔呕吐大作，急改入中央医院。傍晚余往问疾，见其呕吐甚苦，请医急治其标。次晨派人问讯，则云较昨平复，厥后便道过从，发现眼珠周身，均呈黄色，论者以为胆病。经过数日，黄色渐退，爱克司光摄照，皮里胸中似有一物，须得剖而视之。家人朋友，以为卧病较久，抵抗力弱，手术似宜慎重，不与签字，骏声先生则毅然亲笔签字，曰：看好治好，不然好早归去。亲友以他语乱之。用手术经过二十四小时后，余视之神志尚清，语言可晰，温慰至再，珍重而别。越日则以讣告，呜呼惜哉！时六月二日也。事后闻当日需输血，车不及驰，以致不起。佛言：人命在呼吸间，其然，其信然耶，传之非其真耶，何天夺之速也？骏声先生创业甫半，中道而殂，不仅为大东书局之损失，直文化界之损失，亦即国家之损失，我中华民国法学会丧一良友，则尤震悼而不能自已者也。所幸者，大东书局董事明达及其同人，与骏声先生同患难，共甘苦，后先疏附，历有年所，必能竟其未竟之志，以慰在天之灵，则骏声先生之精神为不死也已。呜呼惜哉！

原载《中华法学杂志》1944年新编3第6期第89-90页

《最高法院判例要旨》发售预约简章

一、本书由最高法院编辑委由本局印行。

二、本书内容自民国二十一年一月起至二十九年十二月止。所有最高法院判例撷取要旨分类编入。

三、本书为十六开本，共五十余万言，用四号字排印，每面十八行，每行三十六字，上栏为标题，下栏为裁判年度及号数，排版清晰，检阅便利，全书约四百五十页（九百面），分订上、下两厚册。

四、本书分甲、乙两种，甲种用四十五磅，建国造纸厂出品道林纸印刷；乙种用中央造纸厂出品白报纸印刷，每种先印一千部发售预约。

五、本书发售预约一个月，自民国三十三年一月一日开始预约至一月底，截止如前项印数未到一月售罄时，当公告提前截止。

六、本书定三十三年二月底出版。

七、本书甲种每部定价国币九百元，预约八折，每部实收国币七百二十元；乙种每部定价国币七百五十元，预约八折，每部实收国币六百元，一次收足。

八、本埠预约出书时，凭预约券向原购处取书，外埠预约由本局将预约券挂号寄上，出售时由本局直接寄发。

九、本书寄费，每部预收国币八十元，多退少补，外埠邮购定户请将寄费随同预约书价一并同时汇寄重庆中华路八十四号本局（如寄费未付恕不代寄）。

大东书局谨启

原载《法令周报（重庆）》1944年第1卷第1期第1页

敬悼沈骏声先生

大东局经理沈骏声先生，致力出版事业垂三十年，平日深审宣扬法治之重要，故于法学书籍之出版，尤具热忱。近年油墨纸张，来源不易，出版事业，愈趋艰难，各方于法学书籍之出版，均少措意。先生独矢志不懈，锐意擘划，先后出版各重要法学典籍，如《最高法院判例要旨》诸书，其卷帙之浩繁，印刷之精美，均为战时出版物中所仅见者。本报之发刊问世，亦多出于先生之擘划经营。近拟广邀学者，编撰各法学书籍，以为昌明法学、宣扬法治之助。不幸壮志未酬，竟于本年六月二日，病逝陪都中央医院，斯不仅本报之不幸，抑亦出版界与法学界之一大损失也。同人深悉先生识见之远大，处事之勤勉，方期风雨同舟，共济艰难，讵料赍志中道兮，哀悼弥深，今后唯有竭尽棉薄，继续努力，以竟先生之遗志。尚希海内贤达，时加匡导，俾本报内容，得以日臻充实，而毋负于先生出版本报之初志也。

原载《法令周报（重庆）》1944年第1卷第22期封2页

《印刷通讯》发刊词*

沈骏声

文化事业,裔裔皇皇。

简编传播,久而弥彰。

技艺之海,浩瀚汪洋。

端赖研讨,益臻精良。

治事之道,广博多方。

亦资磋切,用达安详。

集思广益,兹刊斯创。

藉通声气,群情表扬。

文苑灌溉,合力相将。

以图后发,以舒春阳。

前方浴血,士气激昂。

后方生产,效率增强。

钟鸣漏尽,日寇彷徨。

吾曹奋起,邦家之光。

原载《印刷通讯》1944年第1期第1页

1945年

骏声奖学金

敬启者,三十三年十月二十一日为举办骏声大学奖学金,函达贵报,当蒙予以发表,曷胜感荷。今届新学期行将开始,拟请就医、法两科大学生中选拔优良者,给予奖学金。其选拔办法及人数,悉听主裁。再此次奖学金系就基金中所得利金,共计中储券十万元,分《新》《申》两报各半,兹送奉中储券五万元,即请台收为荷。(大东书局驻沪办事处启)

原载《新闻报》(1945-01-03)

1946年

大东书局印钞厂扣发工人遣散费

该厂工人招待记者报告真象

【本报讯】 本市南岸大东书局印钞厂工人,昨(二十一)日假工人福利社招待记者,报告厂方对于彼苛虐情况。缘此次该厂以零星遣散工人,不发遣散费,强令工人自己签呈请求解散,不惜使用武力威胁,特请求社会人士主持正义,并按政府规定,求厂方接受以下五项:一、薪津每月以四万五至六万发给;二、发给酬劳金三月;三、还乡费九万元;四、发伙食费三月;五、废料及红息各发三月。

原载《益世报(重庆版)》(1946-06-22)

大东书局栈房失火

【本报讯】 爱而近路二六八弄十一号,大东书局栈房楼上,昨日下午三时五十五分忽告火警,所置存之书籍、纸册曾焚去一部份,后由消防处驱车驰往灌救,逾一小时始熄,闻损失綦重。

原载《申报》(1946-09-09)

1947年

大东书局现因流通券业已印竣解雇工人*

大东书局第三厂前为承印东北流通券,雇用临时工人五十名订立契约,现因流通券业已印竣,故资方依法予以解雇,工人当即请印刷众产业工会,派员交涉,现双方于劳资协调之精神,业已成立协议:①资方允许继续录用工人;②于未正式开工前,每人每日由资方津贴五千元。

原载《中华时报》(1947-04-09)

董事会红人殷子白飞台接洽
大东书局将承印新台币

寒 梅

大东书局在我国的出版界,就文化岗位上说,它的资本范围,虽不及商务、中华和世界书局,情形相差仿佛。在过去敌伪时期,大东受整个出版事业受纯制的关系,扎挣的确相当困苦,职工待遇,苦得厉害。

大东书局在沦陷期中,新书可能出版,店又可能打烊,开销既要,于是有限公司的资本,越缩越短。它所以能够维持到胜利,那便不能不归功于该局的董事会董事殷子白。

提起殷子白,是浙江杭州人,在银行界,颇有相当地位,做过中国实业银行经理。殷的为人,精明干练,而且当初有海上盐商王寿珊的撑腰,大东经济危急辰光,殷子白拼命垫,得力于王之处不少。那时王尚未死,一方面于政府联络,国民政府中央银行有一部份钞票,便是核准由大东承印。它的印钞厂,是设在内地的温州。做着这笔生意,大东书局的生命线,就此得以延长。

胜利后,大东书局的主持人,归了市党部的陶百川,殷子白仍然是董事会的红人儿。最近殷已飞在台湾,任务是台湾经我国收复,今后的台湾新台币钞票,将划归大东承印,机器决由温州运台。

原载《戏报》(1947-04-12)

重庆大东书局印刷厂的腐败竟步武中央信托局之后

罗 奇

全国集邮家

请勿购伪票

邮票上的倒盖、斜盖、复盖，集邮家都视为名贵的珍品，因为该项错盖的邮票，在印制厂里经过仔细检查，剔出销毁，绝对不能流出一枚在外面的。物以稀为贵，集邮家对这种变体邮票，当为"宝货"。然此次经中央信托局印制厂这位监印者，听任印刷工人舞弊作伪，拆足烂污，大印这种"宝货"，我想堂堂政府国营机关，怎会不顾及国家体面到如此田地。大概有利可图，于是大家妄作妄为，所以近在咫尺的重庆大东书局印刷厂承印者，看得眼红，也印出许多奇奇怪怪花样的邮票来，如纽约版总理像的一分盖国币十元票，有斜盖、正盖，以至印出邮票之外（如图一）❶。烈士像一分盖国币十元票及烈士像四分盖国币三十元票均有倒盖（如图二）。这类倒盖、错盖，颜色很鲜明看得出，决不是无心错印，岂不是大东书局监印者与工人们亦患色盲嘛？这是一本万利的好生意，可以骗邮迷们的钱，因此重庆一班的邮票商人，与他们勾结起来，随心所欲的制造出来，大大发一票意外之财。我希望全国集邮家，对于这类有意伪造的官版私印变体邮票，实在毫无价值可言，请一致拒绝而勿购。否则你化去了一笔巨额的代价，他们还当作你是"温生"，你是"洋盘"，倘若你们再不醒悟过来，他们的"黄瓜儿"，一直要刨下去。纵消极而言，亦可以消减贪污舞弊不良的风俗，无形中帮助中华民族走上了正式的轨道。

原载《小日报》（1947-04-28）

上海大东印刷厂将发行国父像新版邮票

白 衣

交通部邮政总局，前由上海大东印刷厂承印新版国父遗像邮票九种，于前图案略有更改，将国父遗像图案略偏，上镌党徽，右上角为中文数值，下镌梅

---

❶ 原资料中的图片不清，此处未收录。下同。——编辑注

花,左下为英文数值,右下为"中华民国邮政"六字,一百元红色,一百五十元灰蓝,二百五十元青蓝色,三百五十元黄色,五百元绿色,七百元棕色,一千元大红色,三千元浅蓝色,五千元咖啡色。自邮资增加后,一百元、三百五十元,及七百元三种,似不适用,将已印就之一百元加盖一千五百五十元,三百五十元加盖一千八百元,七百元加盖二千一百元,不久即可印就,发行各局出售云。

原载《小日报》(1947-09-15)

大东书局印钞机密

局外人

大东书局印刷厂现在最主要的业务,与大业印刷所一样,专替国行印钞票,现在币值一再随外汇和物价变动,需钞甚殷,于是他们的"业务"也不会脱空。不过因为利之所在,不但同业方面竞争甚烈,就是洋商印钞公司的代表,也虎视眈眈,觉得一笔生意落到人家的嘴里,终是异常心酸的,所以大东书局过去曾为用"第五纵队"的手腕,重价买了两张没有号码的印就钞票,寄到中央银行发行局。大东书局几乎生意落空,于是贼出关门,除印钞部同人的待遇特别提高以外,工友进出,完全要搜查过,倘再有同样事件发生,则全体同人无条件解雇。像最近的一千二千关金券,虽是大业出面,而底纹则是大东所印,终算风平浪静,没有"显底子"。

原载《飞报》(1947-12-19)

1948年

大东书局呈报请介绍《新儿童基本文库》*

事由：转据大东书局呈报请介绍《新儿童基本文库》仰即购由。

湘潭县政府训令　韩教字第一四一八号
中华民国卅七年二月廿六日

令各中心国民学校、私立高级小学（不另行文）
　　□奉

教育部本年元月二十日国字第三七九号代电开："案据大东书局三十六年十二月十六日呈内开'窃敝局编印之《新儿童基本文库》已于本年儿童节出版，全书二百册，为求普遍，定价甚低，全部计一百七十一元五角，分级分科编制，适合小学各阶段采作补充读物之用。际此努力推进基本教育之时，理合检具样书全份备文，呈请钧部转饬各省市教育厅局，通饬各国民学校一体采用，以宏教育'等情，据此核属可行除分行外合行电仰转知采购为要"等因，奉此除分令外，合行令仰采购，以宏教育为要！

　　此令。

县长李琦

原载《湘潭县政府公报》1948年第14期第10页

大东书局劳资协议印钞职工给资解雇

【本报讯】　本市大东书局，因奉令停印钞票，业将第一、二印刷厂职工予以解雇，经陶百川调节，劳资双方业以签订协议，该厂总管理处已于昨日将协议分呈社局及总工会备案。兹将该项协议内容摘录如后：㈠遣散资数目，遵照社会局劳资评断委员会第14次会议规定办法办理；㈡另给每人工资两个月。（包括一切年终奖金等在内）；㈢谈判期间工资照给，另将工资发至9月20日，以示优待；㈣公司应给遣散人员正式解雇证明书，厂方营业发达时，尽先录用旧人。

原载《立报》（1948-09-23）

大东印钞厂停工，工人要求继续开工

【本市讯】 武进路三九三弄十一号大东书局第二厂，本系印制法币者，自金圆券发行后，法币停印，厂方即宣布停工。全体男女工人四百余名，咸感将受失业痛苦，临时组织职工代表团，向厂方要求开工，以维家计。据厂方总务主任钱敬扬、工务长瞿秋潮，答复工人代表，须俟常务董事会议决后，约可在三十一日正式公布法办法。职工代表复要求除停工期间工资照给外，并推派代表牛侠民、张金根、杨□棣等，于昨日下午前往市总工会请愿，要求支援，以免失业。

原载《益世报（上海）》（1948-08-29）

中央印制厂解雇纠纷调解奏效

大东印钞工人要求两点

【本报讯】 币制改革后，印钞厂纷纷停厂，印钞工人三千多人遂属失业恐慌，计有中央印制厂、大紫印钞厂及大东书局第一、第二两印钞厂。昨日上午上述三单位工人代表曾谒见社会局劳工处长沈鼎，详述困难情形，现大东及大紫两单位正由劳资双方自行谈判。昨日下午，社会局调解中央印刷厂解雇纠纷，已获相当结果。

【本报讯】 大东书局第一、第二两印钞厂，因币制改革，印钞工作停顿，已于八月二十日起停厂，工人共九百余人，均将失业。厂方允照评断会最高三个月最低半个月之标准发给解雇金，工人感到不足。昨日工方招待记者，发表解雇新闻，并谓已向厂方提出二点：㊀请留半数工人改在书局制版部工作；㊁解雇金请从优发给。闻厂方允愿评断会标准加五天发给，工人仍感不够，且工人中尚有东北籍者，回乡困难，失业之后，□□惨淡。

原载《新闻报》（1948-09-05）

大东书局呈请介绍《新儿童基本文库》*

上海市教育局训令

沪教国(37)字第0268号(不另行文)

中华民国卅七年二月廿五日印

令公私立小学

事由：奉教育部代电以据大东书局呈请介绍《新儿童基本文库》令仰知照由。

案奉教育部卅七年元月廿日字国第三七九七号代电内开："案据大东书局三十六年年十二月十六日呈内开：'窃敝局编印之《新儿童基本文库》已于本年儿童节出版，全书二百册，为求普遍，定价甚低，全部计一百七十一元五角，分级分科编，则适合小学各阶段采作补充读物之用。际此努力推进基本教育之时，理合检具样书全份备文，呈请钧部转饬各省市教育厅局，通饬各国民学校一体采用，以宏教育'等情。据此核属可行除分行外，合行电仰转知采购为要"等因。奉此令仰知照，此令。

代理局长　李熙谋

原载《上海教育(上海1948)》第5卷第3期

台湾省政府教育厅采用大东书局出版《新儿童基本文库》*

台湾省政府教育厅代电

三七巳寝教四字第一四〇二六号(不另行文)

中华民国卅七年六月廿六日

事由：电介采用大东书局出版《新儿童基本文库》增编希转知采购。

各县市政府、省立师范学校附属小学、国语推行委员会附设实验小学：案准大东书局台湾办事处卅七年六月二十日台卅七总字第一二四号公函："敬启者敝局为推进基本教育，灌输新时代知识起见，曾于去岁儿童节日出版《新儿童基本文库》乙书计二百册，分低级七十册、中级六十册、高级七十册。前承贵厅公告介绍并蒙各校争相采购，敝局感奋之余，特复约国内儿童文学专家及著名教师，近一年来世界新发明各种科学及新事物增编乙百册，补充为三百册，计低、中、高级各成为乙百册，目录样本随函附陈。全新三百册，基本定价二百四十九元，增编一百册，基本定价七十七元五角，均以二百倍折计台币发售。兹为优待各校起见，自即日起举行特价预约一个月，在期内定购全部三百册，按售价八折计算；定购增编一百册，按售价七折计算；过期则照售价实收，故特具函奉恳仍请贵厅公告介绍。期已购正编者，补购增编，以完成全部文库；其未购者，亦请从速定购全部，以免再失良机。实为感盼"等由。准此，合亟电。希转知所属各国民学校，径向该局采购为要。

台湾省政府教育厅
三七巳寝教四印

原载《台湾省政府公报》1948年夏字第77期第14-15页

大东书局编辑部来函

径启者：阁贵刊九卷五期唐湘清先生所著《佛教徒限于和尚？》一文，承对于敝局出版之《国民学校副课本》第四册第十三课之文有所指教，甚佩卓见。除将该课文字于再版时修正外，特函致谢。此致
《觉有情》半月刊社。

大东书局编辑部启
三十七年七月九日

编者按：读此函，足征大东书局编辑部诸先生虚怀若谷，不弃葑菲，至用钦佩。爰为公布众览，并代我全体佛教徒致谢。

原载《觉有情》1948年第208期第27页

集邮小言

黄耀煊

新近发行，沪大东书局印制之梅花式国父像票，依上海邮局集邮组报道，

最大票值者，为二百万元票，但自邮资增加后，闻续有印超过二百万元之票发行，若属事属，吾辈又增多一笔集高值票之负担。

以种梅花式票，万元以上者，均为双色套印，故在套印之国父像部份，发现有偏左或偏右，移上或移下之种种不同方式，倘能将各种票集齐展阅，亦一极饶兴趣之事。

复员后，邮局曾发行大东书局印制之二十七元航空票一种。惟自发行后，航空邮资几经增加，此票亦早已奉令停售，或者调将有新航空票发行，但笔者亦甚盼有实现，以解吾辈邮迷渴望。

阅《现代邮政》第一卷第四期，载有程本正君所作《我国邮票图案之检讨及今后改良之管见》一文，述及吾国过去发行之纪念邮票未免太少，平均三年才有一套，以后应予增加，至少每年都应发行四套以上，及悬赏广征图案，避免过去雷同之弊，以求达到新颖为目的。此意极佳，未悉邮局有采纳否，有待将来之事实答复耳。

三十七年五月卅一日于茂名

原载《新光邮票杂志》1948年第15卷第4期第19页

1949 年

大东书局停印钞票

一 挥

初期的金圆券,是从外国印刷来的,后因需求日繁,只得把中央印铸厂开工应急,然而仍是供不敷求。于是由中央印铸厂特约其他印刷厂来赶印,其中大东书局是特约印刷厂中巨擘之一。因为大东和中华一样,印钞票是素有经验而且卓有成效的了。

最近钞票的数额既大,而使用范围却日益减少,而某些地方且设起了印铸厂自印,不赖沪埠印铸厂的供应。于是本市钞票的需求,已不如以前那样的浩繁,单由印铸厂印刷,已绰绰有余,所以许多特约工程已解约了,据说大东书局也在解约之内。

原载《罗宾汉》(1949-05-20)

捐献热潮继续高涨

大东书局捐款达七百多万元
其他各业普遍展开竞赛运动

【本报讯】 职工们献金的热情到"八一"以后进入了最高潮,蜂涌的人群挤在劳军分会各办事处的门口,山一般的慰劳品堆得密密层层。中区办事处工作的职工同志一面挥汗,一面笑着对记者说:"职工们一向都是不后人的,这次劳军他们又走在前头。"

总工会福利部昨天收到的捐款和物品非常之多,单现钞一项计:中国肥皂公司职工一百三十六万元;中纺十二厂一百七十余万元,另一百四十七折实单位;南洋肥皂厂四十余万元;大东书局六百余职工捐出了三百二十余万元(据悉该局总数达七百多万,尚未集齐交来);昌兴印染厂有一千多折实单位;上海煤气工会二千七百多单位;上海铁路职工到昨日止共交来三百五十多万元,另一百四十余折实单位。还有很多实物不在内。

四明、友邦、中南、大东、聚兴诚、中一信托公司二十余家银行职工,昨日共献出五百二十余万,交到了中区。

棉布业,十六区职工相互发起挑战。首由仁泰棉布号职工开始,全体职工捐出六十单位,向该区全体职工挑战,接着顺昌祥兴记职工捐出了一百个单位起来应战,旁的职工,也正纷纷发起应战中。

绸缎业振大、老介福、隆昌祥等十二家职工,昨日献出了六十五万余元,另毛巾十五打。其中振大职工省下了早粥钱来赈灾,并有职工献出一日到三日的工资。

铸字铜模业,职工二百余人,其中尚有部份在失业中,但他们也不后人,献出了五十四万余元。

毛绒业职工,在发动后,由恒源祥、源兴祥、大华总支店五十二职工带头,献出了三十六万余元。

五金业职工,正进行一日工资捐献运动。五金会劳军会已决定,所有该业职工已承认,献捐一日所得的店号,自二日至五日向北京路顺昌泰、利泰祥、虹口义记、永利昌、永孚等劳委会总站付款。此外,该业昨日又发动个人献捐,献捐方式分:㊀捐献折实单位;㊁捐献工资百分比;㊂捐献折实单位或每月工资百分比捐到全国解放为止;㊃捐献实物(如毛巾、牙刷、肥皂、跑鞋);㊄捐献金、银、外币。永利昌的张挹清捐献念个折实单位,华一康斯忠十个折实单位。永孚茹志霖捐本月薪水百分之四十。更有永利昌张挹清、顺昌泰董子范、杂昌蔡根发、义记芳福源,每人每月五个折实单位,捐献到全国解放为止。华一康斯忠、义记方福源,每人每月五个折实单位,捐献到全国解放为止。华一康斯忠,义记曹润生、梅子刚,巨丰汪尹德、盈丰林杰每人每月工资百分之十,捐献到全国解放为止。正和葛甫升公司三分之一,利记新黄汉文工资百分之三十,大昌源史济良百分之二十,每月捐到全国解放为止。(乐尔耕、王光泮、张挹清)

原载《大公报(上海)》(1949-08-03)

上海大东书局及中央印制厂
印制国父遗像新金圆邮票*

邮政总局近交上海大东书局及中央印制厂，印制国父遗像新金圆邮票一批。大东版已印就者有：一元（橘黄色）、十元（绿色）、五十元（墨绿色）、一百元（中棕色）、二百元（橘红色）、五百元（荷色）等六种。中央版已印就者有：十元（绿色）、二十元（酱色）等二种，其中，一元、十元及五十元三种已先后分发各区各地发行贴用。

（如图）三种原票，除盖五元仅见有中央印制厂上海厂者一种外，其余盖二元及五角，均杂有大东版及中央版二种，希各地邮友注意及之。再一般邮人因所盖各票（就已见到的），均呈深褐色，将名之曰"褐印花"云。

原载《武汉邮风月刊》1949年第6期第1页

王均卿先生行述

姻晚凌善清敬述

先生姓王，讳文濡，先世广德人。道咸间，其大父憩亭公以贸易来浙，始寄居于乌程之南浔。先生幼失怙家贫，弟承应，少先生五岁。母彭太孺人，知书识大义，尝操针黹课二子读。夜漏午，天寒衣薄，抚先生首，太息曰："治也慧，可读书；应也勤，其绍世业与？藐孤勉之，余以十指成汝曹志矣。"盖先生初名承治也。先生性至孝，闻母氏语，辄背人于枕上泣泣已，复篝灯起，维诵日间所受书，母咳，遽灭火，候鼻息动，复然之。翌晨膏竭，则故作呬呬声，疑鼠耗。彭太孺人知之，亦饮泣而不问焉。年十七，以归安籍补博士弟子员，就馆于蒋氏馆，谷所入不足供菽水，乃就书院课，月试博膏火资为挹注。邑人以先生为建平籍也，力尼之。山长某奇其文，每试辄排众议，列诸前茅。先生之文名始藉甚。甲午之战，舟师歼焉，清景帝痛定思痛，擢新进，图自强。慈禧后为重臣所劫持，谋废立。邑人某怂恿先生列名，效陈东伏阙上书，书中多指斥语。慈禧怒，下抚臣刻治。时先生居母丧，事急，跪灵前泣曰："儿不肖，以清议获罪，不克守制抚弟妹，其将见收于司败乎？抑待罪于山林乎？"筮之得《遯》之九四，大号，擗踊而出，亡命于祠山。拳乱后，狱事解，旋里佐邑人办乡学，若明理、若浔溪，均得先生之力而建立焉，而湖郡之有学校，亦自南浔始。先生少时，虽攻帖括、应科举，于书无所不读，而尤好古文辞。与当时所谓《清议报》《新民报》之作者亦沉瀣一气。故就试时，辄借制艺，发奇论讥时政，辞气纵横，睥睨一世。主试者读之，舌侨不能下，惧干吏议，辄抑之，而先生亦殊不屑意，秋风报罢，高谈阔论如故也。友好有为之扼腕者，辄笑曰："读圣贤书，岂仅为作制艺博科第耶？今海禁大开，国势阽危，非空言所可挽救也，吾早鄙之矣。"其识见之高卓，与夫开风气之先者，率如此。岁丙午，走海上，值科举废文人，率以著述为生活。时国中书肆之首屈一指者曰商务，文明次之，其他若鸿文、若乐群、若国学扶轮社，先生皆尝一度为编辑。国变后，沈知方氏创办进步编译所，聘先生为所长，分任撰述者不下数十人，皆知名士，一时称盛，已而合并于中华，先生复入中华编辑所为主任。初先生在进步时，与吕子子泉、沈子骏声善。辛酉，吕、沈约先生营书局曰大东，时先生尚任职于中华，兼总大东编辑事，与吕、沈昕夕擘画，不遗余力，因之大东营业日蒸蒸上。先生编书能推陈出新，不泥古，不惊时，于字里行间，寓纲常名教之微旨，使人读之潜移默化，而不自觉。故一编出，率不胫而走，风行海内，坊间无不知有王先生其人者。已巳后，时局愈扰，工潮迭起，先生已逾花甲，蒿目时艰，浩然有息影之志，脱离大东，买地金阊，营菟裘焉。先生为人性刚直，热心古道，人之事如己事，友好有缓急，辄惟力是视，设无以应，则皇皇然如不可终日。然好胜嚄唶，疾恶如仇，相识行有失检或不慊于先生之心，亦不稍宽假，时于大庭广众中斥之。然无城府，不念旧恶，受其斥者方盛恚，而先生已淡然忘或，且为之嘘拂矣，而恚者终不可解。以故食其惠者，每每以怨报之。所始终视为道义交者，则张子云谷、宋子雪芹、任子筱珊、蔡子原青、吴子砥成数人而已。先生之弟善经商，有先生风。先生有急，尝为先生助。先先生殁，先生伤之。有姊适江氏，家贫早寡，遗一女，先生周济之，其女长为之嫁适王氏，又家贫早寡，遗一女。先生之姊向先生泣，先生泫然曰："所遭命也，若日常生活，则有弟在，毋戚也，其引若女及女之女以来，甘苦与我共矣。"于是月给以资，岁时存问无或缺，后其姊死，仍资之不懈，人咸称之。先生既蓄道德淡名利，而实具经济才。晚年，其门弟子有居显要者，或劝之仕，莞尔曰："我好议论，臧否人不少，引嫌府怨久矣，施之市人后生，尚敢怒不敢言，讵可施之于今之所谓大人先生者乎？"邑绅有办国学者，延先生长校事，则欣然就，与之薪，则辞曰："是亦吾志也，苦无资耳，今有人焉，斥资以成其事实，先获我心矣，我不当为之出力乎？"其教人也以端心术，砥砺廉隅为先务，而为学次之，故受先生之教育者，率多自好之士。生平恶饮博，讲卫生，晚年尤甚，尝从国术家游，练柔术，而性卞急，不少改，小有忤，即愤怒使气不能忍，且复喜治书，子夜尚兀坐丹铅不去手，家人恐逢其怒，不敢阻也，以故病脑。乙亥夏，疾大作，病二十余日，卒，享年六十有九。德配凌，儒家女，婚未期年，卒。继配顾，亦出名门，惜又前卒，未能偕老。事先生晚年者，为继室南翔朱氏。先生少年颇钟情，而所偶辄不如意，中年而后，时有杨爱顾媚之思，纳姬妾率皆伦悍，为先生累，斥佣书资遣去，喟然曰："自逊、抗、机、云之死，天地之灵气，不钟于男子，而钟于妇人，不谓际兹叔世，乃妇人亦复如是。"女一，顾氏出，归虞山季氏；养子一，著述之行世者，不下数十百种。国朝文汇多至百余卷，其著者也。他书之类是者，不计生平，所作诗文，则随手散帙，尚未辑集，是则门生故旧之后，死者之责也，尚有待于来兹。

原载《王均卿先生讣告》1949年出版

1950年

华东出版委员会关于世界大东两单位
情况报告致黄洛峰的信

(1950年1月19日)

洛峰同志：

志澄同志带下关于世界大东的指示已悉。兹分由世界、大东两单位工作同志拟具情况汇报，请予批阅指示。

关于世界部分，已与世界社有关方面高教处、卫生处、金融处等单位于本月12日在本会交换意见，兹将各该单位情况报告于下：

（一）金融处：出席者徐里程（中国农工银行、上海信托公司军事代表）、陈寿山（联络员）。

（1）中国农工银行　香港办事处已倒闭，影响上海分行甚巨，亦险致拖倒，后由人民银行维持过去，资产负债相抵可平衡，但如延长不接，将招致亏损，公股约87%。

（2）上海信托公司　资产负债相抵可以盈余。公股约80%。他们希望早些接管，已有报告径寄总行。

（二）高教处：出席者金大均（高教处高教室）。

（1）世界社总社　房屋已予应用，图书一万余册保存。

（2）中西疗养院　迄未前去执行军管，因该院设备，尚有纠纷。他们的意见：世界社总社房屋及图书予以接管，中西疗养院不拟接管，因无经济上好处。学校部份只拟接管其房屋（高教处拟有意见书附上）。

（三）卫生处：出席者郭步洲（何秋澄同志派来）。

他们对中西疗养院的情况希望得到了解，因无军管单位，故无意见。会上并决议，彼此呈报上级，采统一步骤，如有消息，互相转告。

出版总署关于接管世界问题的电报到达后，王益曾与高教处副处长唐守愚接洽过，唐表示他们不反对单独接管世界书局。此事当根据总署指示，请示军管会后办理,并请祝副局长在沪就近协助指示。

  此致

敬礼

王 益
卢鸣谷
1950年1月19日

附:高教处意见书一份(略)

大东书局情况汇报一份

世界书局情况汇报一份(略)

附:大东书局情况汇报
(1950年1月)

一、与国民党关系的发生

  大东书局在起初是一个纯粹商人经营的企业,杜月笙持有极小的股份,并不起什么作用,陶百川根本没有份。抗战期间大东总管理处迁往重庆后,因经济欠佳,杜、陶便乘机而入,利用国民党的势力,控制了整个的大东。抗战胜利复员,他二人便跟来上海,继续经营,把大东变成了个国民党的宣传机构。

二、股本的变化及股东成份

  大东早在民国十年由合伙变成了股份有限公司组织,经过数次增资的结果,至三十四年❶为止,股本已经变成伪法币50万元。三十六年又曾增资两次,第一次系增为4亿元,根据会计方面的记录,当时增资部分3.9950亿元中,仅由旧股东交现1.4725亿元,其余的2.5225亿元是用一张支票一笔交入的,帐面上作了股款的收入,但并未说明来源,以后也一直没有偿还过,而该项股权则全部分到了董监及公司同人们的头上,其中杜月笙所得独多,他的变为最大股东就在此时,陶百川也增加了不少,到那时为止杜月笙的股份便占到了将近14%,陶百川的占将近1.5%了。其他的董监差不多也都是大股东,合计约占35%左右。该年底又作第二次的增资,股本变成50亿元,升值部份全部未曾交现,其中6亿元系来自一笔证券收益,40亿系赖机器的升值。

  关于该年第一次增资时交入的一笔股款计伪法币2.5225亿元,计占当时全

---

❶ 此系民国纪年,即公元1945年。下以此类推。

部股本的63%强,因来路不明,故曾作了些比较详细的调查及查帐工作,得到了如下的结论:

该项股款交纳时,系一张晋成钱庄"章玉"户的支票,该户的印鉴是"章彦"与"玉照堂殷"并用,其帐面进出数字甚巨,有数十亿者,该户开户时计介入伪法币2.2480亿元,其中2亿元是一张亚洲银行"张英"户开出的支票,"张英"户的印鉴与"章玉"户相同,该户开户时系介入伪法币100万元通商银行的支票一张,出票人为大东书局,同日在大东的帐上系作"特别开支"付出,摘要里注明"系付董事会历来垫款"。"章玉"及"张英"二户均于三十七年结清,结清时的尾数均系交大东作为"董事会来款"入帐。

经搜集人证及物证,得知"章彦"即陶百川的化名无疑,"玉照堂殷"即大东常董殷子白(现在台湾)。

据大东自己的报告,该二户均系公司的暗户,但其论断仅系就该二户的开始及结束时与大东所发生的关系为依据,至于其变化的内容及所有权方面,并无任何记录作为证明,据说其有关暗帐的帐册在陶百川离沪时已经全部焚毁了。

三、人事情况

就人数方面讲,在同业中大东可算是一个相当庞大的机构。目前总管理处及各地厂局共有职工九百多人,其中在上海的几个单位共有八百多人,这里面有70%是印刷工人与工友,他们大都是比较单纯的。总管理处、沪分局及厂里的管理职员中,成份则相当复杂,有毫无立场的,有无所谓的,有属于老股东们的底派,有杜月笙的耳目,有陶百川的爪牙,相互对立与磨擦时常发生,但总括的说,直到今天为止,陶、杜的势力依然控制着大东。

四、政治活动

在过去陶百川代表CC团控制着大东,受到反动派不断的经济支援,曾出版《智慧》杂志,内容充满了反共、反苏、反革命、反人民的言论。相反的,大东也在经济上支援了陶百川,正当的待遇之外,给了他不少捞钱的机会。当他辞去大东的总经理职位就任伪监察委员的时候,大东的董监会曾通过赠送他伪法币10亿元及汽车一部,这只是一个例子。此外如蒋匪的手谕贷款及用飞机代运机器等,也都是与反动派勾结的事实表现。

现在虽已不敢再作什么反动的政治活动,但内部潜伏着的反动分子为数仍多。

五、董监及职工们的态度与动向

在反动势力存在的时候,大东完全在陶、杜控制之下,连董事会也是一样,因为董事会里主要的都是陶、杜的人。商人董事作了傀儡,唯殷子白头脑灵活,与陶百川勾结在一起。

上海解放以后,大的官僚跑掉了,商人董监总算少微可以出一下头了,但事实上也不过在每周一次的董监会议中说几句话而已,对于公司的内部经营实况,仍难详知,仍然受陶、杜的党羽控制着,他们免不了的在各方面设法捞钱。现在留在上海的董监,大都是较大的股东,看看公司的前途,也都想趁机会向公司里捞一些钱,例如董监代表的要求驻局办公,支副科长以上的待遇(每人月支300多折实单位),发起人劳绩金的要求,供发股息红利……等,都是大股东向公司刮钱的表现。职工方面也时常要求提高待遇而工作效率不增。总之,上自董监,下至极小的职员,大都是靠大东分肥为目的,而真能为公司前途打算的为数不多。就整个的单位讲,有的部门缺乏人手,有的部门却冗员甚多,如果这样拖下去,大东的资产实力,只有一天天削弱的。

据说,陶百川与杜月笙现在还相当关心大东,他们成立了西南总管理处,目前在香港办公。曾将公司在上海解放前的一批报纸定货扣留在香港,与上海陶杜系的人也有秘密往来。

殷子白在台湾,据说他在台湾的茶叶贸易方面已经掌握了相当大的势力。

六、各地厂局

在上海有三个印刷厂和一个分局,总管理处在分局楼上,南京、杭州、汉口、长沙、广州、重庆、成都等地一向设有分局,香港有办事处,最近北京也设立了分局,以上都是自办,直接受总管理处的指挥,经济方面是统筹统支的。过去在沈阳及台湾曾有特约,是代理的性质,现在已断绝了往还。各地厂局的基地房屋除了沪一厂、三厂,广州分局,重庆分局及香港办事处者属公司所有外,其余都是租赁的。

七、经济状况

抗战时期,大东经济相当困难,由赣迁渝复厂时,赖蒋介石手谕之助,予以飞机运输之便利,三十四年在重庆时经济又陷危境,蒋又手谕四联总处给予伪法币4000万元的贷款,大东始得复苏。胜利复员来申后,经济仍极困难,国民党曾给予不断的巨额低利贷款,在币值剧烈下贬的情况下,自然大有裨益,此外并陆续给以印钞业务(金圆券的印刷大东为第一家),大东始得维持下去,各地分局一向多是贴本的,都是依赖上海的印刷厂来维持。

上海解放以后,因印钞业务停顿,经济又陷困境,每日赖借债度日,后来由人民银行接得印钞合同,经济情况始逐渐改善。直至去年10月,旧债始告还清,但至目前为止,还是用寅吃卯粮的办法,藉每次印钞合同的五成定金度日,如果人民银行一旦停止其印钞的委托,大东的经济便立刻没了办法。

八、资产分析

大东所有的分局分厂都是由总管理处统筹统支集中结算盈余的。根据三十六年的结算报告加以分析,在数字方面流动资产超过流动负债(差不多负债中全部都是流动的)很多,但流动资产中有许多是不能收回的部份,况当时货币已贬值很大,帐面数字已不十分可靠。固定资产方面,估价不高,因系不变的实物,故尚可作为分析其资产的参考,并可作为厂局资产比重比较的依据(基地房屋、机器工具、生财器具、装修设备、图版书稿、附业投资等):资产总值46.67324155亿元,其中属于各地分局的(书店部份)计为1.05919994亿元,合全部的2%强,各分厂的计为35.51895269亿元,合全部的76%强,总处及未划分清楚部份计为10.09508889亿元,合全部的21%强。

根据去年8月31日的经济情况,单就上海的厂局及总处作一分析如左(大东的估价报告数字):

机器、生财、工具、材料、基地、印石、字铅、铜模等计值人民币17.01956295亿元,其中属于印刷厂部份计值11.39189187亿元,约占总值76%。

属于沪分局部份计值614万元,约占总值0.4%。

属于总处及未划清部份计值5.56627105亿元,除在当时总处的对外负债约为人民币2亿元(流动资产与负债相抵后的差额),净额为3.56627105亿元,约占总值的23.6%;此中照性质应该划归属厂的约在80%以上,因为其中主要的是机器、工具及印刷器材。

沪局存货及外埠分局的资产尚未估计在内,但事实上存货中多系寄售的文具及禁售的书籍,在资产中所能发生的比例作用已经极微,外埠分局除了些微生财器具及少数房屋地基之外,并没有其他价值较高的东西了,同样的,上海一厂的基地房屋也没估计在内,估计二者是可以抵销的。

故根据上项分析,可知书店部份的资产,所占比例极为微小。

九、对于处理大东的意见

对于大东的军管时期,我们认为不能再拖延下去,应该及早采取决定性的行动了,因为根据目前的情况,多拖一天就是国家的财产多减少一些。至于处理的办法,我们主张将编审出版及发行部份全部收归国营,将印刷厂变成公私合营,这样处理,有下面的几点理由根据:

(甲)经济理由

(一)大东在重庆时的能够生存,可说是完全受了国民党的援助,否则早已停闭了。

(二)复员到上海以后,如果没有国民党的不断的经济支援,大东也没有今天的经济情形,差不多早就破产了。

(三)根据查帐的结果,得知三十六年其股本第一次由50万元变为4亿元的时候,其中一笔交入的股款2.5225亿元,我们可以断言是陶百川的钱,因为有人证及物证可以证明该二户的印鉴"章彦"与"玉照堂殷"就是陶百川与殷子白的代表,同时"张英"户的通讯处就是陶百川的原址如果说该二户就是大东的暗户的话,其唯一理由不过是:"张英"户开户时是介入大东所开出的一张支票,两户结清时的尾数交给了大东。但是大东支出那一笔100万元的时候,在帐面上是作为费用开掉的,既作费用开掉交给了陶百川,就等于已归陶所有了;二户结束时虽均归入大东,但为数均极微小,已经不值什么,不能说已经完全还给了大东,况且也不能说因为支票交给了大东就能说是大东的钱,因为支票是可以随便授受的,陶百川与殷子白对于该款的运用经过既无帐簿可资参考,又无其他凭证证明系属公司所有,怎能作凭空的臆测说是公司的暗产呢?虽然该款的股权是分给了董监及同人,但是官僚的赠予一定是含有某种作用的,要没收陶的资产,当然也要没收这一部分,如果说该款中可能有殷子白的一半(因为他与陶同时盖章的),但是殷既与陶秘密勾结,他的资产当然也可以没收,至少与陶合并在一起的一部份应该没收的。

按照当时的股权这样没收的结果,国有股份便可在60%以上了。

(四)如果退一步不以上项事实为根据,即照目前股份的成分来分析一下,杜月笙的占13.41%,陶百川的占1.37%,与陶杜有关者占4.26%,属公司的占3.95%,合为23%,一部份不明股约占3%以上可以代管,殷子白的算占5.6%也可以代管,这样总计已占32%以上,这样把印厂与书店资产的比重加以比较,也足可以将书店部份全部国营,把印厂部份变为公私合营了。

(乙)政治理由:

(一)曾出版《智慧》杂志,反共、反苏、反革命、反人民。

(二)受反动派的支援并支持反动派,为相互勾结的证据。

(三)陶杜控制大东,也就是代表国民党控制大东。

根据上述的经济及政治理由,国家可以实行接管,没收官僚资本,将书店部份归国营,印刷厂公私合营,为了照顾一部份老股东,保留他们原有的股权,并保留"大东印刷厂"的名义。

对于原有的职工,有技术及肯为人民服务者,当尽量录用,欲辞职者由其自去,如确系生活困难而无其他职业出路者,当予以适当的处理。

军事代表　卢鸣谷
联络员　汪允安
工作员　齐　凯
1950年1月14日

附件

大东书局股份有限公司股权分析总表
(依据股务科记录)

分类	股份数 (千股)	票面金额 (旧法币万元)	百分比	备注
①杜月笙股份	67044	＄67044	13.41%	
②陶百川股份	6870	6870	1.37	
③已发现与 陶、杜有关者	21288	21288	4.26	
④公司监察人股份	30150	30150	6.03	

续表

分类	股份数（千股）	票面金额（旧法币万元）	百分比	备注
⑤公司董事股份	154494	154494	30.90	与①②③三项有关者已予剔除计入该三项中
⑥公司同人股份	29160	29160	5.83	同上
⑦属公司股份	19724	19724	3.95	当时经股东大会议决2000万股由董事会暂垫
⑧其他百万股以上股东股份	93570	93570	18.71	
⑨其他百万股以下股东股份	77700	77700	15.54	
合计	500000	$ 500000	100.00%	

说明：以上为初步分析结果，尚有若干股东之身份未曾查明。

（据中央档案馆保存的原件刊印）

原载《中华人民共和国出版史料2》第28-37页

出版总署为准备接管大东书局致华东新闻出版局电

（1950年5月10日）

华东新闻出版局：

（一）查大东书局在总的资产中，官僚资本约占32%，章彦户据报已查有人证物证，确为陶百川化名入股。为保护国家财产计应即准备接管，没收取消其书局部分，改组其印厂部分为公私合营。你处接电后，迅作一切接管准备，并总结接管世界书局经验，拟具接管大东办法，电报我署。接管日期，另待通知。

（二）大东在军管时期，军代〔表〕有权清查其舞弊情形，有关屠兆祥卷款逃港、丁光辉为陶爪牙，辞职又起以及广州不交公债等情，可责成陈和坤处理。

中央人民政府出版总署
1950年5月10日

原载《中华人民共和国出版史料2》第223页

出版总署办公厅计划处拟对于大东书局的处理意见

（1950年11月3日）

关于大东书局问题我处曾经提过一次意见，认为对大东的看法应该政治重于经济，不要因为是个包袱，就让他自生自灭。最近依照财经委员会的清理条例，凡有公股的企业，都要在3个月内加以清理。那么我们即使不想背这个包袱，在3个月清理完毕后，也必然变成为公私合营的出版企业了，那时我们不主动去管，也必然要被动去管了。

因此我们以为在本年内大东可以结束军管，着手清理公私股，筹划公私合营，成为出版儿童图书的专业部门。大东的出版计划可以与团中央合营的儿童书局分工。大东有彩印设备，适宜于出版低级儿童读物和小学用的挂图等（现在出版的"小主人文库"即用彩色印）。

大东可以参加童联，并应与儿童书局合作，在童联中起核心作用。童联可以成立总管理处，但以拟订出版计划，审该原稿，组织稿源为主要工作。暂时仍保留个别出版，而尽先做到发行统一，利用大东现有的发行网，建立各主要城市的少年儿童特型的发行机构。

依据出版会议的决议，"某些特殊的专门性书刊的出版机构，必要时也可兼营发行或印刷工作"，大东的出版方向既有它的特殊性，那未出版、发行、印刷暂时的兼营是可以的。也正因为它是童联的主要骨干，可以拉拢印件，增多它的印刷生意，减少对印刷厂的亏累，待到收支大致平衡之后，再行分立。

请裁夺！

计划处处长　张静庐
1950年11月3日
（据中央档案馆保存的原件刊印）

原载《中华人民共和国出版史料2》第667—668页